terres de mémoire

BERNARD CLAVEL	ŒUVRES
Romans	
LE TONNERRE DE DIEU (QUI M'EMPORTE)	J'ai Lu 290*
L'OUVRIER DE LA NUIT	
L'ESPAGNOL	J'ai Lu 309****
MALATAVERNE	J'ai Lu 324*
LE VOYAGE DU PÈRE	J'ai Lu 300*
L'HERCULE SUR LA PLACE	J'ai Lu 333***
L'ESPION AUX YEUX VERTS	J'ai Lu 499***
LE TAMBOUR DU BIEF	J'ai Lu 457**
LE SEIGNEUR DU FLEUVE	J'ai Lu 590***
LE SILENCE DES ARMES	J'ai Lu 742***
LA BOURRELLE *suivi de* L'IROQUOISE	J'ai Lu 1164**
HARRICANA	
L'OR DE LA TERRE	
LA GRANDE PATIENCE	
I. LA MAISON DES AUTRES	J'ai Lu 522****
II. CELUI QUI VOULAIT VOIR LA MER	J'ai Lu 523****
III. LE CŒUR DES VIVANTS	J'ai Lu 524****
IV. LES FRUITS DE L'HIVER *(Prix Goncourt 1968)*	J'ai Lu 525****
LES COLONNES DU CIEL	
I. LA SAISON DES LOUPS	J'ai Lu 1235***
II. LA LUMIÈRE DU LAC	J'ai Lu 1306****
III. LA FEMME DE GUERRE	J'ai Lu 1356***
IV. MARIE BON PAIN	J'ai Lu 1422***
V. COMPAGNONS DU NOUVEAU-MONDE	J'ai Lu 1503***
Divers	
LE MASSACRE DES INNOCENTS	J'ai Lu 474*
PIRATES DU RHÔNE	J'ai Lu 658**
PAUL GAUGUIN	
LÉONARD DE VINCI	
L'ARBRE QUI CHANTE	
VICTOIRE AU MANS	J'ai Lu 611*
LETTRE À UN KÉPI BLANC	J'ai Lu D 100*
LE VOYAGE DE LA BOULE DE NEIGE	
ÉCRIT SUR LA NEIGE	J'ai Lu 916***
LE RHÔNE	
TIENNOT	J'ai Lu 1099**
L'AMI PIERRE	
LA MAISON DU CANARD BLEU	
BONLIEU OU LE SILENCE DES NYMPHES	
LÉGENDES DES LACS ET DES RIVIÈRES	
LÉGENDES DE LA MER	
LÉGENDES DES MONTAGNES ET DES FORÊTS	
TERRES DE MÉMOIRE	J'ai Lu 1729**
L'HOMME DU LABRADOR	

BERNARD CLAVEL

terres de mémoire

Commentaires de Georges RENOY
Édition revue et augmentée par l'auteur

Éditions J'ai Lu

« C'est toujours le temps de mémoire au pays qui
[s'endort
Sous les tuiles, les poutres, les pampres, les dalles et
[l'herbe.
Une pervenche au milieu du lierre, une grange au
[bord des landes
Seules traces de celle autrefois qui m'apporta les clefs
[du pays
Vieux, creusé de sortilèges, de frayeurs et de
[légendes. »

G.-E. CLANCIER
Terres de Mémoire
(poèmes, éditions Robert Laffont.)

Et l'amour en partage

Ce livre n'a que quatre ans. Le relisant pour qu'en soit imprimée une nouvelle édition, j'éprouve déjà la nécessité de lui ajouter quelques feuillets. Ouvrage de mémoire, comme son titre l'indique, il me fait revivre des heures de douleur beaucoup plus que de joie. Il fut écrit dans le drame. Il porte la marque sombre des grands sapins noirs du Haut Doubs. Les terres, nos refuges, s'accordent souvent aux heures que nous vivons. Leur lumière et leur chant bercent nos insomnies et rythment nos pas.

Depuis quatre ans, j'ai marché. Le ciel et le vent et le soleil et l'ordonnance même des astres ont changé. Je n'avance plus en portant le même fardeau.

Les gens de ma race devraient publier leurs Terres de Mémoire tous les deux ans, comme les bigotes vont à confesse tous les deux jours. La mémoire est conscience, elle a besoin de se décharger de loin en loin. De déposer son bagage pour en saisir un autre.

Le temps coule terriblement vite et l'espace avec lui. Pour certains dont il m'arrive de plus en plus rarement d'envier la quiétude immobile, les journées et les ans se succèdent sans que les lieux subissent le moindre changement. Ce sont des êtres de lacs tranquilles qui peuvent se contempler dans le miroir sans rides d'une eau dormante. Au contraire de ceux-là, je suis un homme de torrent. Mon eau sans cesse travaillée de remous entraînés par un courant violent, ne m'offre de mes jours qu'une image brouillée, fiévreuse et dont il faut saisir les débris pour tenter de reconstituer un visage cohérent.

Tout roule à une telle vitesse que, chaque soir, terrassé par la fatigue, je vais dormir avec la conviction de n'avoir rien fait. Cependant, lorsqu'un événement (par exemple la réédition de ce texte) m'oblige à me retourner, le vertige me saisit. La vue de la vallée, celle des visages rencontrés et des feuillets noircis me réconforte et m'effraie à la fois.

Que faire ? Je m'interroge sur le parti à prendre. Pas tout à fait sorti de l'eau, je sens le courant m'envelopper. Je m'accroche aux rochers du rivage le temps d'un regard et d'une respiration. Le temps d'une simple mise à jour, reportant à plus tard un autre volume de ma géographie sentimentale.

Pour commencer, un aveu : j'ai changé. Trop de gens me l'ont dit en me retrouvant après des années, trop de critiques l'ont écrit pour que je nie l'évidence.

J'ai changé de vie, plusieurs fois de pays, de maison. J'ai changé aussi – et c'est probablement l'essentiel – dans ma manière de considérer le fil de mon existence. Le fil dévidé derrière moi et le peloton qui reste encore dans ma poche et diminue à chaque seconde. Celui-là, je le serre dans ma main. Il y est comme un cœur qu'il faut laisser battre tout en le préservant des atteintes de l'orage.

Avant mon départ pour le Québec où je devais rencontrer celle qui allait devenir ma femme et mon plus précieux compagnon de travail, j'avais accepté comme une fatalité – presque comme une bénédiction – l'approche de la vieillesse et de la mort. J'avais accepté d'être un « vieux travailleur ». Un écrivain comtois plus ou moins retiré sur ses terres, nourrissant son œuvre sur la récolte engrangée. Je n'éprouvais plus le besoin de moissonner, encore moins celui d'entreprendre un labour pour y semer du grain. Quant à essarter, à défricher, à faire de la terre comme disent les colons canadiens, cette perspective m'eut semblé une folie. J'en étais arrivé à planter des arbres pour les générations futures. J'en plante toujours, mais c'est avec l'espoir bien ancré de les voir grandir.

« Aussi longtemps que nous restons des apprentis, nous n'avons pas le droit de vieillir » dit Ernst Jünger. Eh bien! plus que jamais, je me sens apprenti.

Après des années de déchirement, après bien des accrocs et toute une procession d'orages, l'amour a triomphé. Sa rencontre m'a rendu plus fort. Elle m'a redonné la joie et le besoin d'aller de l'avant.

Je sais à présent, jusqu'au fond de mon être, jusqu'au fond de mon travail d'artiste, ce qu'on peut appeler réellement l'amour en partage.

Traversant l'Atlantique pour découvrir ce qui allait devenir mon Royaume du Nord, descendant le cours du Saint-Laurent et celui de l'Harricana, parcourant des forêts sans bornes et m'engageant, par-delà les derniers arbres, sur la banquise, c'est avec mon adolescence que j'ai renoué. C'est un voyage longtemps rêvé que j'ai entrepris et que je continue.

Le vent qui hurle sur ces vastitudes du Grand Nord soulève des nuées étincelantes dont je me suis soûlé. Il est comme celui dont parle La Rochefoucauld, il éteint la bougie et attise les grands feux.

Avec lui, ce n'est pas seulement une terre que j'ai rencontrée, c'est un grand amour.

Entreprendre une œuvre de longue haleine, d'une forme et d'un esprit tout à fait nouveaux à l'heure où d'autres prennent (ou acceptent) la retraite, témoigne sans doute de beaucoup d'ambition. Si j'avais été seul, je n'en aurais certainement éprouvé ni l'envie ni le courage. A bien réfléchir, c'est plutôt de besoin que je devrais parler tant il est vrai qu'un regain de jeunesse crée des besoins qui poussent leur élan jusqu'en ces recoins secrets de l'être où le sens de la création va puiser sa sève.

Il y a une dizaine d'années déjà, plusieurs éditeurs m'avaient demandé d'écrire un livre sur mon enfance. Redoutant tout ce qui peut pousser au narcissisme, j'avais demandé à réfléchir. Peu à peu l'idée avait pris place en moi. Je me disais que parler de mon enfance ce serait un moyen d'évoquer surtout les êtres qui l'ont enrichie. L'idée est toujours là, mais elle se tient sur la réserve. Elle a accepté d'attendre son tour. Elle est nourrie, si je puis dire, par la conviction qu'elle ne perd rien à attendre. La terre noire du jardin de mes parents et la glèbe dont se nourrissent les forêts du Grand Nord peuvent paraître bien éloignées l'une de l'autre, elles se rejoignent pourtant. Le lien qui les unit est trempé au seul bain qui compte vraiment pour un créateur : l'enthousiasme. Non point que j'en aie jamais manqué tout au long de ma vie, mais celui qui me porte depuis novembre 1977, celui qui m'a donné la force de rompre certaines chaînes, qui m'a permis de surmonter tant de douleurs n'a d'égal que l'élan lumineux des premières années.

Oui, j'aurai à écrire d'autres Terres de Mémoire. En reprenant ces pages, pas un instant je n'ai éprouvé l'envie de supprimer une phrase. Simplement, j'aurais pu continuer sur mon élan retrouvé et, sans doute, aurais-je tout de suite changé de registre.

J'en ai eu la confirmation en relisant le texte de Georges Renoy. Cent fois le mot m'est venu à la plume pour reprendre le dialogue. Pour lui crier : « Mais non, ce n'est plus ça. Je ne veux plus macérer dans la tristesse. Je veux cultiver la joie qui m'est offerte, la faire grandir, la préserver de toutes les souillures et de toutes les violences. »

J'aurais aimé lui dire aussi qu'il a eu raison d'insister sur mes contradictions. J'admets volontiers avec lui que j'ai souvent changé de cap. Au point que j'ai pu, à certains, paraître soudain pris de folie. Ceux-là ignorent-ils donc que l'aiguille aimantée cesse d'indiquer le nord lorsqu'on survole des terres trop riches en minerais? Ne savent-ils pas qu'il faut quelquefois naviguer à vue. Regarder les étoiles? Interroger le ciel où les grands triangles d'oiseaux migrateurs tracent de merveilleux itinéraires? N'est-il pas naturel que le marin qui veut aller au bout de sa traversée cherche le vent porteur?

Un jour je répondrai plus longuement aux questions de Renoy. Je lui dirai comment la haine et le mépris qui blessent et paralysent un certain temps peuvent vous libérer pour, finalement, vous propulser plus haut. Un jour j'ajouterai des chapitres à mes Terres de Mémoire puisque je continue de déménager, de pousser plus avant ma quête du Nord, de découvrir des îles et de scruter des visages et des âmes.

Il est un point important sur lequel je voudrais dès aujourd'hui insister : ma géographie sentimentale s'élargit de jour en jour, mais je sais à présent avec certitude où se trouve son épicentre absolument immuable. Ce foyer d'où rayonnent tous les ébranlements, d'où partent en étoile mes projets et mes rêves. Voulant dernièrement ajouter quelques pages à ma géographie pour la bibliothèque de Lausanne qui prépare une exposition sur mes « itinéraires », c'est de mon métier que j'ai parlé.

Mon point géodésique principal est ici, devant moi, en ce moment même. Je marche la page vierge comme le trappeur marche l'immensité blanche, avec le vent en pleine gueule, avide d'aller toujours plus loin.

Egoïste comme seuls savent l'être les créateurs; égoïste jusqu'au bout et plus que jamais sans doute, me voici enfin convaincu de construire une œuvre digne de respect. Quitte à faire hurler de rire mes détracteurs et crever de rage ceux qui ne sauraient me pardonner de m'enivrer de liberté et d'amour, je veux affirmer que, de toutes les terres que j'ai parcourues et habitées, pas une ne vaut à mes yeux un pied carré de celles que j'ai créées. Car ce sont celles-là qui portent la marque de ma souffrance et de ma joie la plus profonde. Et ces terres-là, depuis novembre 1977, nous sommes deux à les cultiver. Nous sommes deux à écrire côte à côte et souvent l'un pour l'autre. Ce concerto à quatre mains est devenu une musique qui se fond merveilleusement à la symphonie des saisons.

On n'édifie rien de grand sans orgueil, j'en ai toujours été pétri. Mais, stupidement, durant des années, j'ai cru intelligent de le cacher. Je confondais ce sentiment plein de noblesse avec l'odieuse prétention qui gonfle les faiseurs et les sots.

Sur ce plan-là aussi, j'ai changé.

S'il me reste à écrire un volume de mes Terres de Mémoire, le chapitre le plus important sera consacré à ma table de travail. A ce lopin arrosé de tant de sueur et de larmes que la matière doit en être plus salée que les rochers sans trêve balayés par la mer.

Morges, juin 1984

LA MÉMOIRE NUE

A Roland G*AUBERT*
admirable peintre de ma *ville.*

B.C.

Aussi vite que l'on aille, le pays de nos rêves demeure inaccessible.

Francis CARCO.

Prélude

Ainsi m'aura-t-il fallu naviguer plus d'un demi-siècle et traverser bien des pays pour découvrir cette vérité que je suis un déraciné.

Déraciné de mon enfance beaucoup plus que de terroirs auxquels j'ai trop longtemps cherché à m'accrocher. Ma patrie c'est partout où il y a des hommes, mais ma province d'élection, celle qui gonfle mon cœur à le faire éclater, c'est le temps disparu.

De la Vallière et du Solvan, minuscules ruisseaux de mon enfance, à l'immense Saint-Laurent de l'an dernier en passant par la Seille, l'Ain, la Loue et surtout le Doubs de mon adolescence, par le Rhône et la Saône de mes vingt ans j'ai sans relâche – mais non point sans fatigue – descendu ou remonté le cours des rivières et des fleuves à la recherche de cet inaccessible depuis longtemps emporté par le courant des jours.

Renifleur de rivages, fureteur de vorgines, orpailleur obstiné j'ai fouillé les sables et les vases, tamisé les eaux tour à tour limpides et boueuses, de ma battée dont le treillage aux mailles inadaptées n'a retenu que des verroteries sans valeur, pour laisser filer le métal précieux que je convoite encore. Le filon est épuisé de cet or si pur : mon enfance. Des années mortes, rien ne subsiste que ma souvenance infidèle. Le bric-à-brac jauni de mon bagage s'est empoussiéré malgré moi. Enveloppée de mille douleurs, la brocante de mes souvenirs me colle aux trousses où que j'aille. Elle grogne à mes talons pour me pousser sans cesse, et sa voix ne sait plus démêler le rire des sanglots.

Est-ce assez dire que mes Terres de Mémoire n'ont que fort peu de chance d'appeler à la joie? L'itinéraire que j'entreprends saura-t-il aborder encore à un quelconque printemps?

Vieux trappeur perclus et jamais satisfait, je regarde s'avancer la nuit de Noël sous un ciel bas et triste. Les guenilles du soir effilochent leurs grisailles aux sapins d'où les rochers plongent vers la vallée. Tout en bas, c'est déjà la pénombre. Sur la neige du Haut Jura où j'ai trouvé refuge, une fois de plus je cherche ce que je n'ai jamais cessé de chercher.

Mais il est des soirs où le coureur sait avec certitude que le gibier a souvent raison du chasseur ridicule.

Mon enfance s'en est allée sans marquer de son pas les blancheurs de décembre. Nul écho ne répondra plus à l'appel transi des spectres qui traversent le « grand parc solitaire et glacé » où les pleurs de la bise sont l'unique mélopée.

Doublement inaccessible, ce pays de mes rêves; doublement impossible à saisir. Epoque à jamais envolée déjà peuplée pour moi de beaucoup plus de songes que de réalités.

Angoisse du jour promis, nostalgie de celui qui s'éloigne, regrets, remords, regards sans cesse tournés vers les chemins que trop tôt me dérobe un buisson du talus, à scruter ces terres où devrait se nourrir ma mémoire, je ne découvre guère que des raisons de m'accuser. Hormis pour mon enfance, les joies dont le soleil illumine mon passé ne furent jamais sans ombres. Et la mousse a poussé qui étouffe les fleurs.

A peine arrivé ici où je suis venu pour retrouver l'hiver et son silence complice, je songe à d'autres hivers vécus en d'autres lieux. Et parce que l'expérience m'a enseigné que les lieux n'ont pas davantage que moi le pouvoir de retenir le temps, je sais qu'il serait vain de rebrousser chemin. Ainsi s'explique peut-être – sans que rien ne l'excuse – mon éternelle errance, déconcertante pour ceux qui me croient enraciné, insupportable à ceux qui m'aiment et me voudraient à jamais immobile auprès d'eux. Je sais bien que des foyers s'éteignent lorsque s'en va celui qui y portait le bois, mais il advient parfois que la chaleur de l'âtre éloigne ceux-là même pour lesquels elle se fait la plus douce.

Eternel vagabond, renonçant à revenir sur mes pas, je continue cette fuite en avant poussé par ce que nul jamais ne saurait retrouver. Je le sais comme le savent tous les marcheurs amoureux de l'espace : mon pas parfois écrase la vie. Et je marche pourtant.

Par un effort inouï, j'ai longtemps réussi à rester à l'attache, mais mon corps étant là, rivé à une chaîne que tendait le courant et vrillaient les remous, mon esprit s'en allait. Ma longue fréquentation des fleuves m'a enseigné que les barques retenues durant les saisons au rivage et sans relâche malmenées par la colère des eaux, finissent tôt ou tard par rompre leurs amarres.

Bateau ivre aujourd'hui conscient de mon ivresse, je me retourne encore pour regarder s'estomper dans la cendre du soir les ombres douloureuses. Figées sur le môle qui abrita de l'orage nos existences un moment confondues, elle demeurent sans voix et leur reflet se brouille.

Tout se brouille.

Une larme peut déformer une image bien davantage encore que le plus tortueux des torrents. Je redoute, au seuil de ce livre, d'avoir trop souvent à contempler mes Terres de Mémoire à travers la lentille déformante de mes nostalgies.

Mais qu'ai-je à dire sur moi qui puisse intéresser les autres? Saurais-je parler de *mes* terres sans parler de moi? Je n'ai rien à livrer de ma vie.

Ainsi ces pages qui se voudraient de vérité, risquent-elles, comme tout ce que j'ai pu écrire, comme tout ce que j'écrirai sans doute, de devoir beaucoup plus à mes fantasmes qu'à des réalités dont je me suis souvent éloigné parce qu'il m'était impossible de les retrouver vraiment.

24-25 décembre 1979

Les fleurs de ma mère

J'ai retrouvé hier une photographie qui doit dater de quelques années avant la guerre de 14. Elle a été prise à Dole, dans l'étroite rue d'Enfer, devant la voûte qui donnait accès à la boutique de ma grand-mère maternelle. Je lis sur l'enseigne : « Fleurs, fruits, primeurs, M^son^ Dubois, bouquets sur commande ».

Ma grand-mère, que j'ai à peine connue, ne figure pas sur cette image, mais cinq de ses filles sourient au photographe. Je ne dispose plus aujourd'hui que de ce carton jauni pour tenter d'imaginer ce que fut la jeunesse de ma mère dans cette cave à fleurs et à légumes.

Car ma mère m'a très peu parlé de ces années-là. Elle disait seulement que les temps étaient durs, les journées interminables, les riches exigeants, les pauvres très pauvres. Elle ne se plaignait pas. Jamais je ne l'ai entendue se plaindre. Ni de la vie, ni des gens. Elle était de celles qui ne savent que donner et se donner.

Mais je ne veux évoquer ici qu'une image qui tient à notre jardin.

Elevée dans une boutique de fleuriste, ma mère avait conservé le goût des gerbes et des bouquets. Lorsque je la revois, comme ça, en un éclair, c'est sous son grand chapeau de paille, vêtue d'une blouse à carreaux et tenant dans ses mains bronzées et déformées des tiges vertes d'où pendent deux brins de raphia. Du printemps à la fin de l'automne, elle voulait que le jardin fût un éblouissement. Les fleurs qu'elle cultivait et son art pour préparer ce qui allait accompagner aussi bien les fêtes joyeuses que les enterrements étaient sa fierté. Des gens traversaient la ville pour venir lui commander une gerbe.

Avait-elle appris vraiment? Etait-ce en elle que vivait cet amour des couleurs vives et ce sens de l'harmonie? N'est-ce pas là l'un des plus beaux joyaux de mon héritage?

Ce matin, je contemple ses traits sur cette photographie où elle doit avoir un peu moins de vingt ans. Il y a beaucoup de sérieux et une grande bonté dans son visage. Ma tante Léa (qui devait être alors sur le point d'épouser mon oncle au képi blanc) a quelque chose d'une princesse. Sans doute rêvait-elle déjà de s'évader de cette ruelle humide. Les trois autres ont de l'espièglerie dans le sourire, seule ma mère paraît grave.

Aujourd'hui, il me semble qu'elle m'observe du fond de ces années où j'aimerais pouvoir plonger. Que pense-t-elle de moi? A la voir ainsi, j'éprouve un certain trouble. Ai-je trahi mon enfance et tout ce que cette humble fleuriste m'avait offert? Ai-je oublié quelque part l'essentiel de ce qu'elle a tenté de m'enseigner?

Il est des heures où je me sens tout près d'elle, mais cette *servante au grand cœur* demeure muette. Les neiges des hivers qui coulent sur sa pierre ont depuis des années effacé son sourire. Le lieu où elle repose à côté de mon père fait également partie de mes Terres de Mémoire, mais beaucoup moins, somme toute, que le jardin où elle cultivait ses tulipes et ses roses, le jardin disparu sous des masses de béton et qui ne subsiste plus qu'en moi.

En ce jour de décembre où elle s'en est allée, il n'y avait plus aucune fleur vivante. Elle avait l'âge que j'aurai dans trois ans. Je me sens jeune, elle était vieille. Usée par le travail.

Sans les fleurs de sa terre, épuisée par son don de soi permanent, elle a quitté ce monde en y laissant un fils dont elle devait espérer beaucoup, dont elle avait maintes raisons de tout redouter.

Et ma gorge se noue à la pensée que, du haut d'un ciel en lequel elle croyait et qu'elle a mille fois mérité, il lui arrive peut-être encore aujourd'hui de verser quelques larmes dont je suis responsable.

Car ma vie n'est certainement pas telle que cette femme vertueuse l'avait rêvée pour moi; et le lopin de terre qui fut le sien reste parmi les lieux que j'évoque avec le plus de difficultés. Il est celui que je ne vais plus revoir parce que j'ai trop peur.

Le Jura de mon père

Mon père était Jurassien. Il aimait sa terre et je ne m'en suis jamais avisé de son vivant.

C'est sans doute que le véritable amour de la terre ne se traduit pas en discours. Il est une source secrète, qui chemine sous le couvert des mousses et des herbes mouvantes; une source dont le chant a souvent les sonorités graves des sanglots étouffés. Les gens de travail, les êtres de peine et de douleur savent aimer en secret sans que jamais leur vienne l'envie de nous parler de leurs passions.

Le Jura de mon père était lié à sa besogne, à ce qu'il avait accompli toute sa vie, à cette tâche dont il avait tiré à la fois ses revenus et ses plus grandes joies. Lorsqu'on sait que mon père était boulanger, on peut craindre que son terroir ne se limite aux murs et au plafond noircis d'un fournil. Cependant, ce fournil, ce foyer rougeoyant au long d'interminables nuits, c'est le cœur brûlant et riche de vie d'une terre où il me semble aujourd'hui que tout tenait à l'amitié. Une amitié directement liée au travail.

Etrange mortier que celui qui unissait entre eux ces hommes de métiers si divers mais qui se complétaient à merveille. Lorsque je me remémore les propos de mon père, tout un monde se dessine et s'anime, un monde tellement différent de notre présent qu'il semble surgir du fond lointain des siècles. Il faut dire que deux guerres ont déferlé sur ce passé pourtant tout proche, et que les guerres qui creusent des tranchées entre les peuples, creusent aussi les vallées entre les siècles.

La découverte de la vitesse dont les hommes s'enivrent et meurent par milliers, a tué ce temps des gestes mesurés, ce temps de la gravité des choses et de leur véritable poids.

Le fournil s'éclairait dès que le reste de la ville commençait à s'endormir. Ce qu'étaient ces heures de la nuit alors que l'on pétrissait encore à bras à la lueur de lumignons tremblotant au-dessus du pétrin, il nous faut beaucoup d'imagination pour le vivre.

Lorsque sonnaient quatre heures, le mitron décrochait les volets de la boutique, car les sauniers gagnaient les Salines. Premiers clients, ils faisaient sonner le pavé des rues sous leurs galoches de bois et de gros cuir roidi par la saumure.

Le fournil tenait jusqu'à midi le boulanger et ses mitrons. La journée commencée à minuit ne s'achevait pas là. Restaient les tournées. La voiture à charger, le cheval à atteler et la route à prendre.

Ma mémoire garde la carte précise de ces itinéraires que j'ai souvent refaits à pieds, avec mon père, alors que depuis longtemps déjà il ne livrait plus le pain. Perrigny, Marcornay, Vernantois, Geruge, Courbouzon, Chilly-le-Vignoble, Frébuans, Montciel, Montmorot, autant de villages où se multipliaient les amours.

Somme toute, la terre de mon père s'étendait autour de Lons-le-Saunier sans jamais dépasser la distance que son cheval pouvait parcourir en un après-midi, tirant la grosse voiture fermée. Certes, le vieil homme aimait tout le Jura qu'il avait trouvé le temps de parcourir (je me suis toujours demandé par quel miracle) entre deux fournées, mais son terroir, c'était où l'on mangeait son pain. C'était aussi où il achetait son vin, son blé, le bois de chauffe, l'avoine, le foin et la paille pour l'écurie, le fromage et le lard pour le casse-croûte du milieu de nuit, les œufs et le beurre pour la brioche du dimanche et même ce sel qui sort de la terre en cette Comté si fabuleusement riche que rois et empereurs l'ont souvent ruinée en se la disputant.

Oui, la vie du boulanger, c'était le pain distribué, et c'était aussi ce merveilleux échange des fruits de la vigne, de la forêt, des belles terres grasses et des rivières de chez nous. Car mon père étendait sa pâte à galettes avec un rouleau de buis tourné par son ami Camus, et le tour de Camus, c'était l'eau de la Sorne qui lui donnait sa force.

Aujourd'hui, à l'heure où ils disposent d'avions supersoniques pour boucler le tour du globe, bien des hommes rêvent d'un canton où soit encore possible une vie directement et étroitement liée aux richesses naturelles d'un pays. Telle était notre terre il y a à peine plus d'un demi-siècle, telles en étaient encore les survivances dans mes années d'enfance.

La vallée de la Sorne, je l'ai souvent remontée à pied, avec mon père dont j'ignorais alors qu'il s'accordait la joie de parcourir les chemins de sa jeunesse. Car si l'âge l'avait contraint d'abandonner le fournil, du moins avait-il conservé les amitiés que le pain lui avait apportées. Et c'est à travers elles que j'ai découvert la forêt, les petits métiers du bois et des eaux vives, les fromageries luisantes de cuivres où ronflaient les foyers. C'est à travers elles que j'ai pris contact avec le vignoble doré des automnes aux vendanges bariolées et sonores, avec les caves où l'hiver pousse le vigneron, avec les grands alambics d'où montent ces brouillards tièdes qui suffisent à vous saouler.

Les vieux lissaient d'un revers de main leurs moustaches jaunies par le tabac, et ils souriaient en regardant le soleil doré que la fenêtre grise d'une cuisine sans lumière mettait au fond de leur verre.

Je ne parlerai pas de bon temps, car c'était celui de la peine, mais, paysans et artisans, malgré les horaires interminables, se donnaient le temps de vivre.

Ce qui nous a vraiment séparés de ces mœurs, c'est avant tout l'appât du gain.

L'amitié se raréfie qui exige du temps que nous ne savons plus lui accorder.

Dans ce monde où l'espace nous est offert, j'éprouve souvent une espèce de vertige. Je suis soudain comme si j'allais échapper à la pesanteur et me satelliser quelque part, loin de cette terre à laquelle je tiens. Pour échapper à cette sensation désagréable, je replonge au cœur de mon enfance et je remonte une de nos petites vallées. Je ne pense ni à La Loue, ni au Doubs, ni à la rivière d'Ain dont les eaux font partie de ma géographie sentimentale à des titres différents. Non, pour ces moments-là, j'ai le val de la Sorne et c'est d'un monde à sa dimension que j'ai besoin. C'est que ce ruisseau de rien du tout prend sa source derrière Vernantois, dans une reculée peu profonde où se récolte un vin blanc très sec, dont le goût de pierre à feu reste toute une vie collé au palais.

C'est dans cette ride de la terre que se blottit un village où je retourne parfois respirer le parfum du rêve. Je n'ai jamais vécu à Vernantois. Je n'ai même pas le souvenir d'y avoir dormi une seule nuit, et c'est sans doute pourquoi mon rêve s'y installe avec tant de liberté, c'est sans doute pourquoi j'y retrouve si vivant le souvenir d'un temps que je n'ai pas connu.

Car si mon père m'a souvent emmené avec lui pour les vendanges ou pour de simples visites à ses vieux camarades, c'est davantage le village de l'époque qu'ils évoquaient ensemble que celui qui vivait sous mes yeux, que j'aime à retrouver.

La terre partageait alors l'existence des habitants entre la vigne et l'élevage de quelques vaches. A quatre sabotées de la ville, on s'en trouvait cependant assez éloigné pour n'avoir avec elle d'autre lien que la poste qui passait trois fois par semaine et le boulanger qu'on voyait arriver le mercredi. Bien des femmes faisaient encore au four, mais leur pain était gris et serré, pareil à celui qu'on ne trouve plus aujourd'hui que dans les grandes villes et seulement chez quelques spécialistes qui vous le font payer trois fois son prix.

Celui du boulanger n'avait, bien entendu, rien de commun avec les bâtons de caoutchouc qu'on nous fait manger depuis quelques décennies. Il tenait la semaine et même davantage. C'est tout dire.

Au fond, c'était le temps où nul jamais n'eut osé jeter un quignon. Et c'est peut-être bien ce qui le caractérise. C'est peut-être bien de cela que j'ai la nostalgie.

Je l'ai dit souvent : ma patrie, c'est mon enfance. Mais sans doute est-ce un peu plus que cela. Sans doute est-ce aussi la terre de mon père liée aux temps qu'il a connus et qui étaient encore ceux du respect des richesses naturelles, ceux de la reconnaissance. On ne gaspillait rien de ce que la terre nous donnait, mais on n'eût pas davantage sali cette terre que certains d'entre nous injurient chaque jour avec tant de légèreté.

Si je me représente si volontiers ce village parmi tant d'autres, c'est qu'il est à la fois un village de source et un village de paix. Une eau y prend naissance, toute de pureté, s'en va par-delà les maisons avec sa chanson qui n'est jamais un vilain bruit.

Et le village franchi, la source restait pure.

Mon père n'était ni poète ni bavard. Cela signifie qu'il n'était pas comme moi. Il ne cherchait nullement à communiquer aux autres le frisson qu'il éprouvait, mais ça ne veut pas dire qu'il restait insensible à tant de beauté. Ça ne veut pas dire qu'il n'était pas poète à l'intérieur et beaucoup plus que je ne le suis, car il n'avait jamais rompu les liens l'unissant à sa terre.

Il allait à Vernantois pour y retrouver l'amitié, et s'il aimait particulièrement ce village, c'est sans doute qu'il est source de vie.

Beaucoup moins souvent, il montait sur le plateau, retrouvait d'autres gens et nous faisait marcher des heures pour quelques champignons. En vérité je sais bien aujourd'hui que la poésie du lieu l'attirait davantage que la présence des mousserons. Car nous montions invariablement par un sentier qui prend en face Vatagna et se hisse à travers le Bois Chambard pour déboucher à hauteur de Briod. Une fois gagné le replat, nous laissions sur notre droite la ferme romaine pour piquer sur Saint-Etienne-de-Coldre.

Un cimetière. Un cimetière perdu dans les terres, fort loin de tout village, un cimetière envahi par la forêt dont les racines soulèvent et déplacent les tombes moussues. En ce lieu de silence, la vie efface lentement la mort. Il faut écarter le lierre et gratter la mousse pour découvrir une inscription. Les croix s'inclinent à droite, à gauche. Le soir, on dirait qu'elles dansent dans la lumière que tamisent les feuillages et qu'anime le vent.

En ce champ ombreux d'une telle gravité, mon père parlait peu. Il se demandait seulement la raison de cette solitude des morts et de cet abandon de leurs demeures. Il le faisait sans tristesse, parce que la vie était là qui dominait la mort.

Mon père s'en est allé. Il ne repose pas à Saint-Etienne-de-Coldre. Je crois avoir deviné pour quelle raison il aimait tant retourner à Vernantois le village de la vie préservée dans un repli du Revermont, mais je ne saurai jamais comment il avait découvert cet antique cimetière, ni ce qui l'attirait entre ses pierres enfouies, dans cette ombre du bois où l'aspic vient guetter le premier vol de la mésange.

Tout m'est Terre de Mémoire

Dois-je écrire que pour moi tout est Terre de Mémoire qui m'a touché le cœur et tiré un moment d'une certaine torpeur où la vie trop souvent se complaît à nous confiner si nous n'y prenons garde?

Terre, eaux et neiges de mémoire.

Mais chaque fois que l'une s'en vient me visiter, c'est toujours en poussant vers sa surface le reflet d'un visage et l'écho d'un prénom. Ainsi le jardin de mon enfance est-il inexistant sans le regard de ma mère et de mon père, sans le sourire de Nanette, la petite voisine qui m'aidait à faire mes devoirs. Dole, Rochefort-sur-Nenon, le canal et le Doubs ne seraient que des lieux morts et des miroirs éteints sans les visages rayonnants ou grimaçants de mes tantes et de mes oncles, de mon premier patron, de mes premiers camarades de travail, de mes premières amours.

Et voici que déjà je me heurte au principal écueil. Est-ce le nom qu'ils avaient dans la vie ou celui qu'ils ont pris dans mes livres que je dois donner à ces gens devenus *mes* personnages? Qui donc – puisque j'en suis incapable moi-même – saurait ici démêler la vérité de la fiction? Mais quelle importance pour ceux qui me liront?

Je sais seulement que, quoi qu'il advienne, les forêts de la Montagne Noire, les rues de Castres et d'Albi auront toujours pour moi le sourire de Sylvie, les vorgines de Vernaison le regard douloureux de Françoise, les neiges de Hambourg et celles de Berlin l'accent d'Ulrique, les grands parcs de Weimar résonneront du rire de Rénate et de son frère Hans, l'Etang de l'Or me parle de Gaston Baissette, tandis que les vignobles du Revermont portent l'empreinte de Pablo. Je sais que les nuits constellées du Léman et de Saint-Saphorin se nommeront toujours Hortense et Blondel, que sur les immensités glacées du Haut Jura courra jusqu'à ma mort le rire de Bisontin-la-Vertu. Jamais plus je ne traverserai Salins sans que m'accompagne le charretier d'Aiglepierre.

Et puis, beaucoup plus loin, sur d'autres rivages naîtront encore d'autres échos. Les larmes des innocents morts de faim dont l'agonie me poursuit, les larmes des mères du Bengale ou d'ailleurs, les estropiés de Calcutta qui rejoignent au fond de moi les torturés du maquis. Regards plus forts que les terres qu'ils effacent pour n'être plus que des sanglots.

Et que m'importe qu'on sache qui est l'Iroquoise si toute la terre de son pays se trouve pour moi dans son regard.

Les plus éphémères de ces neiges sont mes neiges éternelles. Nul soleil jamais ne les fera descendre au torrent de l'oubli. Je porte leurs blancheurs, leurs ombres et leur éclat au plus chaud de mon cœur.

Je n'ai pas la souvenance de la haine.

Les êtres qui sont sortis de ma vie parce qu'ils m'ont trahi finissent toujours par reprendre leur place en moi. Ceux que j'ai pu trahir, ou peiner, ou blesser d'une quelconque manière sont sans doute les plus profondément gravés dans ma mémoire sensible. Mais je suis ainsi fait qu'il me faut toujours marcher vers d'autres neiges et vers d'autres rivages.

J'ai trop souvent nagé dans le Rhône encore vif pour n'avoir point retenu sa leçon : contre un courant brutal, rien ne sert de vouloir partir à la remonte. Le plus grand effort ne saurait que vous maintenir sur place un moment. Je l'ai fait. J'ai lutté. Mais, le souffle court, ivre d'espace, j'ai laissé me gagner la force du Fleuve-Dieu, ou du Fleuve-Démon. Même si c'est à la dérive que je vais, ce n'est point sans emporter dans mes soutes le gros livre d'images où cohabitent malgré eux mes Terroirs de Mémoire et les gens qui les peuplent.

Le jour se lève sur la montagne. Toute la nuit, la tempête a fait rage. Le vent porteur de flocons minuscules a bondi sans relâche d'un bord à l'autre de la vallée. Sur l'autre rive, les sapins ont blanchi et la pierre des falaises est devenue plus terne. Le vent court encore mais ne charrie plus rien. Dans les hauteurs, il pétrit de l'or et du plomb qu'il ne parvient pas à mêler. Ainsi son fleuve roule-t-il vers le nord-est la lumière et l'ombre qui s'en vont du même pas. Le ciel, vallée sans rivages, les accepte. Tout lui est bon qui fait la vie des espaces infinis.

Janvier 80

Ces terres où poussent des croix

Interrompu par d'autres tâches, je relis ce matin ces quelques pages du début de l'an. Déjà mars bouscule l'hiver qui se rebiffe. Depuis plus d'une semaine, un combat se livre entre les gris et la lumière. Du fond de la vallée montent d'énormes soupirs. Le Doubs transpire. Il a débordé après avoir gelé.

Durant quelques jours le gel a serré très fort. Tellement fort qu'il a rapproché deux pays, effacé une frontière.

Ici, c'est la rivière qui sépare la France de la Suisse. Une fois le grand froid installé, elle ne les sépare plus, elle les unit. Et le spectacle est réjouissant de ces gens des deux rives se retrouvant par milliers sur le Doubs. Au beau milieu, s'installent quelques cuiseurs de gaufres, marchands de crème fouettée et grilleurs de marrons. Paient-ils patente à la Suisse ou à la France? A personne, j'espère. Car ces journées-là sont de grandes fêtes de liberté. Marchant, patinant, skiant, tirant des luges dont certaines doivent dater du siècle dernier, poussant des traîneaux-landaus comme on en voit sur les gravures de 1900, les gens passent et repassent la frontière à plaisir, pour la seule joie de dire, avec des arabesques, qu'il n'est chemin plus merveilleux que celui qui ouvre toutes grandes les portes de l'espérance.

Ceux qui sont nés en pays frontalier me comprendront. Car rien n'est plus absurde que ces pointillés arbitraires qui osent partager en deux une forêt, une prairie, une rivière et parfois même une maison. Je me sens du Pays de Vaud, du Jura suisse, des coteaux de Neuchâtel tout autant que du Revermont et des hauteurs du Jura français.

Lorsque j'avais dix ans, ma tante Léa et mon oncle au képi blanc m'amenaient en vacances avec eux près du lac de Saint-Point, à l'abbaye Sainte-Marie. Ancien officier, mon oncle avait consacré le plus clair de son existence à se battre pour des frontières. Préserver les nôtres ou les reporter jusqu'au Rhin, en établir d'autres en Afrique ou en Asie, bref, guerroyer et se faire trouer la peau pour un trait sur une carte. Ma tante qui l'adorait et professait pour lui une admiration sans bornes, prenait un malin plaisir à passer la frontière en fraude. Sous prétexte de cueillir des mûres ou des noisettes, de ramasser des champignons ou des escargots, cette infatigable marcheuse qui avait suivi son époux dans la plupart de ses campagnes coloniales, nous entraînait au plus profond de la forêt. Et puis, soudain, triomphante, elle lançait :

– Ça y est, mes enfants. On est en Suisse. Est-ce que vous avez vu des douaniers, vous? Rien du tout. Des barrières? Rien du tout. Histoire de les narguer, on va rentrer par la route. Et on leur dira : Tiens, qu'est-ce que vous faites là, on vous a pas vus en allant?

Nous étions toujours une bande de gosses derrière ce boute-en-train qui nous faisait brailler des chansons de troupiers. Nous la suivions avec le cœur un tout petit peu serré, persuadés d'accomplir là une action hautement répréhensible. La plupart du temps, les douaniers, débonnaires, se contentaient de rire. Nous n'avions pas des têtes de contrebandiers.

En face de l'hôtel où nous passions nos vacances, le flanc de la colline dominant le lac était un vaste communal où nous pouvions jouer en toute liberté. Habitué à vivre en solitaire dans le jardin de mes parents, général sans armée durant le reste de l'année, je profitais du renfort que je pouvais recruter là pour livrer de terribles batailles. Nous avions creusé une tranchée en partie recouverte de branchages et qui ressemblait assez à toutes celles que montrait le « Miroir de la Guerre » ou « l'Illustration » de 14-18. Avec des hurlements de bêtes sauvages, nous en sortions pour monter à l'assaut et nous faire massacrer exactement comme l'avaient fait nos aînés devant Verdun, au Chemin des Dames, dans les bourbiers du Nord et en Orient. Depuis la terrasse de l'hôtel, les adultes nous admiraient. Les anciens combattants qui se trouvaient là en profitaient pour ressasser leurs souvenirs glorieux. Au lieu de venir nous botter le cul pour nous apprendre à vivre, ils nous donnaient des conseils, nous enseignaient à mieux mourir.

Comme le fond du jardin de mes parents où j'avais aussi creusé une tranchée, ce communal de l'abbaye Sainte-Marie fait partie de mes Terres de Mémoire.

Car la guerre a habité mon enfance. Loin de l'empoisonner, elle l'a illuminée. Son grand feu n'était point celui qui dévore et détruit, il auréolait de gloire et de joie tout ce qu'il éclairait.

Même le lac, où presque chaque matin j'accompagnais mon oncle inlassable pêcheur, devenait océan et se peuplait d'escadres. Chaque piquet dépassant de l'eau était le périscope d'un sous-marin ennemi, chaque barque croisée un destroyer ou un mouilleur de mines. Que de dangers, que de batailles, que d'héroïsme pour des vacances!

Ainsi à mes terres parcourues, s'en ajoutent d'autres où je n'ai jamais mis les pieds en ces années trente qui nous mitonnaient quelques réjouissances champêtres dont le clou serait l'énorme champignon d'Hiroshima. Je veux parler de celles où dorment les soldats de 14-18. Cimetières militaires, champs de batailles gorgés de sang et farcis d'ossements brisés, j'ai tant rêvé de gloire en contemplant les revues jaunies pieusement conservées par ceux qui avaient vécu l'horreur, j'ai tant voulu partir que je vous dois bien aujourd'hui quelques pieuses visites. Pauvres morts inconnus, vous avez tant couru à mes côtés, après votre trépas, qu'il me semble vous voir encore, avec vos gueules barbues, couvertes de boue, avec vos blessures ouvertes d'où ruisselait ce sang dont l'enfance ignorante est incapable d'évaluer le prix. Pauvres soldats morts à vingt ans, comme vous teniez peu de place dans le cœur de ceux qui vous avaient vus tomber à côté d'eux!

Oui, la guerre fait partie de mes Terres de Mémoire, davantage peut-être que mes autres contrées, puisqu'elle les a toutes plus ou moins envahies. Avant la guerre que j'ai subie il y avait eu celles de mes espérances, de mes rêves de gloire, de mes explorations d'un passé que les vieux m'offraient comme leur trésor le plus précieux. Après les années noires sont venus mes combats contre la guerre. Ma peur, ma hantise de la voir renaître, mon désespoir face à ceux qui la croient encore inévitable, mon écœurement en présence de ceux qui la préparent.

Paradoxalement peut-être, et parce que je suis un nostalgique de mon enfance, c'est toujours avec une certaine tendresse que je retrouve les images de ces bouleversements auxquels nos anciens ont assisté.

La tendresse n'exclut point la douleur, pourtant, plus je m'approche de la falaise qui me renvoie l'écho de mes rires et de mes plaintes, plus se renforce en moi la conviction profonde que ce à quoi les hommes de mon espèce tiennent le plus, ce sont précisément ces blessures jamais refermées et que le moindre souffle d'un souvenir peut faire saigner.

La plonge

Je n'ai aucun goût pour le déballage, et le lecteur qui attend de moi un « je » déshabillé perd son temps.

Que certains traits de ma propre existence habitent mes romans, que certains de mes livres soient nourris de mon expérience, j'aurais mauvaise grâce à le nier. Mais je suis un raconteur d'histoires. Ma vie privée ne regarde nullement le public. Plus j'avance, plus se fortifie en moi la nécessité de ne point mêler mon existence à celle de mes livres. Une fois qu'ils ont emprunté le chemin de la librairie, je reprends celui de ma table de travail. Mes lecteurs n'ont même pas à savoir où et comment j'écris, encore moins ce à quoi je passe le temps que je ne consacre pas à l'établi.

Je ne reviens donc à mes Terres de Mémoire que pour y retrouver ce qu'il me convient de dire. Le reste est un jardin secret où nul n'est admis. Il me serait bien difficile d'expliquer pour quelle raison je parle de telle période de ma vie et non de telle autre. Question de goût personnel. De pudeur peut-être.

Ainsi me vient l'envie d'évoquer la plonge. Pour moi, eau de mémoire. Eau grasse, gluante, tiédasse et puante. Autour de ce bac carré coincé entre le foyer du four, le fourneau et la caisse à charbon du laboratoire dolois où j'ai vécu deux années, autour de cet écœurement gravitent trop de visages inoubliables pour que pareille eau ne vienne pas retrouver ici la goutte pure des averses que charriaient les ruisseaux de mon Jura natal.

Enfant de petits rentiers que la modestie de leurs revenus contraignait à s'échiner à la terre, j'ignorais tout du monde ouvrier lorsque l'apprentissage me mit en contact avec sa vie et ce qu'elle implique de rigueur.

M'y suis-je jamais tout à fait intégré? S'intègre-t-on sans réserve à un milieu où l'on n'est pas né?

Du laboratoire de pâtissier au fournil, de la confiserie à la chocolaterie, de l'usine de lunetterie au débardage, du vignoble au bûcheronnage, du bureau de contentieux à l'atelier de reliure puis au marbre d'un grand journal, en passant par la fête foraine, j'ai connu bien des métiers. Cent métiers, cent misères, dit le proverbe, je suis tenté d'ajouter : cent espérances.

Car je dois à la vérité de dire que, dès ce premier matin d'octobre où j'ai fait connaissance avec le bac à plonge, je n'ai jamais cessé de rêver d'autre chose.

Poursuite constante d'un lendemain différent du jour même, ma vie n'est finalement qu'un long cheminement vers des horizons souvent inaccessibles.

Si mon terrible patron avait su de quelles évasions l'eau de sa plonge était le reflet dès que je me penchais au-dessus du bac, sans doute m'eût-il botté les fesses avec plus d'ardeur encore. Avec plus de hargne tant il est vrai que les gens bornés à leur propre vision du monde, rivés à leur bout de chaîne se montrent toujours jaloux de ceux qui détiennent le pouvoir de s'évader.

Lorsque cet imbécile nous racontait ses pauvres voyages, s'il avait su où je naviguais, il en eût bavé de rage!

Laver tout le jour des bassines et des casseroles dans un liquide fétide, à la lueur d'une maigre loupiote qu'enveloppe la buée nauséabonde des graisses mêlées, n'est rien pour celui qui a la chance de voir autre chose que le cul de ces ustensiles de cuivre ou de fer-blanc. Je ne prétendrai pas avoir vu dans le brouillard qui montait de cette plonge évoluer des vouivres aussi voluptueuses que celles des brumes du Doubs, mais je ne suis pas loin de le penser. Plus les gens qui vous tiennent en leur pouvoir serrent les liens, plus le rêve grandit. Plus se multiplient les évasions.

Or, si je n'ai rien oublié de ces deux années, c'est qu'étant parmi les plus pénibles de ma vie, elles furent aussi les plus riches.

Patron gueulard et brutal, patronne cauteleuse et menteuse, je vous dois d'avoir appris à ne jamais désespérer. Ce que vous m'imposiez était tel que, même dans les instants les plus noirs, même lorsque je fus visité par la vision du suicide pour la première fois dans ma quatorzième année, une petite lueur veillait en moi pour me dire qu'il était impossible que le tunnel ne débouchât pas un jour sur la lumière. Et c'est à partir de cette maigre lueur que je bâtissais des cités, des espaces infinis de soleil et de vent.

J'ai dit plus haut que je ne cultive pas la mémoire de la haine, j'en ai longtemps voulu à ce couple cruel de m'avoir fait toucher du doigt ce que je croyais être l'une des pires injustices. Je sais depuis bien des années qu'il en est de plus terribles. Mais ce n'est pas uniquement pour cela que j'ai cessé de les détester, c'est que, dans l'eau de leur plonge, j'ai trempé des armes qui m'ont permis tout au long de ma vie de me battre contre le désespoir.

Cependant, ces armes-là ne sont efficaces que lorsqu'il s'agit de combattre les idées noires qui vous viennent d'autrui. Au mal que l'on a tenté de me faire, elles m'ont permis de résister assez bien. En revanche, leur lame s'émousse ou se referme dès qu'il est question de trancher la désespérance qui m'envahit lorsque le mal vient de moi.

Je me refuse à tout déballage de sentiments personnels, mais sans doute le portrait de mes Terres serait-il déformé si je n'admettais qu'elles m'ont souvent appelé.

L'idée du suicide m'habite. Peut-être demeure-t-elle la seule notion qui me sépare encore de la morale du Christ. Je tiens que l'homme issu de la terre ou des mers détient le droit d'y retourner quand bon lui semble et lorsqu'il estime que sa place n'est plus ici-bas.

J'admire Montherlant d'avoir trouvé en lui la volonté de mettre à son œuvre le point final le plus noble que puisse concevoir un créateur. Sans doute est-ce là l'une des forces, l'un des courages que l'homme puisse aussi espérer de sa terre.

Que l'amitié qui le lie au sol soit telle qu'un jour, n'ayant plus dessus la place que sa fierté exige, il demande sans crainte à passer dessous et à se fondre à l'humus.

Choisir sa mort me paraît plus important que de choisir le lieu où elle se déroulera.

Il y a partout sur cette planète, du terreau où puisse dormir un homme, où puisse veiller un arbre.

La route sinueuse

Je redoute la douleur pour moi comme pour les autres, c'est la seule raison du silence où je laisse certaines parcelles. Ceux qui me connaissent bien, ceux qui ont suivi mon itinéraire dans la vie ou à travers mes livres s'étonneront sans doute de ce qu'ils auraient tort de tenir pour un oubli. Habitué à écrire, je sais depuis longtemps qu'il est important de pouvoir se cacher et cacher aux autres certaines pages sur lesquelles on a trop peiné.

Un artiste ne devrait accepter le jeu auquel je me suis laissé prendre avec ce livre qu'au terme de sa vie. Mais le terme peut venir demain, ce soir, après le point que je vais poser. Le cœur et la main peuvent s'arrêter d'un instant à l'autre (quelle merveilleuse mort, devant la page commencée!), mieux vaut donc que les premiers chapitres soient bouclés, même si l'essentiel reste à dire. Dans quelques années, le besoin me prendra peut-être de revenir sur tout cela. Ayant changé d'horizon, sans doute verrais-je les choses d'un œil différent.

Je n'ai jamais aimé que l'on m'enferme, et peut-être est-ce pour me donner l'impression – d'autres diraient l'illusion – d'une plus totale liberté, que j'ai tant et tant changé de place.

Jusqu'à présent, ce sont surtout les terres du Nord qui m'ont attiré, mais je ne saurais jurer de rien.

Peut-être un jour me surprendrai-je à aimer les tropiques.

La soif de renouveau qui vient si souvent me tirer par les basques ne fait jamais de moi un touriste. Ce qui me tente, ce n'est point de *visiter* un pays, c'est de l'habiter. C'est d'y être chez moi, même pour quelques saisons seulement.

Au fond, je continue de jouer. Toute ma vie, j'ai joué à être autre chose que ce que je suis dans le moment.

J'ai la chance de pouvoir m'identifier très facilement à tel ou tel être vivant. De m'intégrer au groupe.

Je crois ne jamais avoir été un simple passager.

Voilà qui me paraît d'une extrême importance. Sur un bateau, je suis marinier ou marin. Sur les chantiers du Grand Nord, je suis un conducteur d'engins. J'ai besoin d'embrasser la condition de ceux qui m'entourent. Si je fais la cuisine, c'est en jouant au cuisinier. Fabriquant mon bois de chauffage, je redeviens bûcheron. Un jardin fait de moi un paysan. La maison que je répare me plonge dans l'univers du maçon, du charpentier ou du menuisier.

J'ai horreur d'être un bricoleur, j'aime à me croire l'homme de chaque métier.

Mes Terres de Mémoire, ce sont mes perpétuelles métamorphoses. Je ne me sens pas davantage attaché à la maison que j'ai réparée, aménagée, conditionnée à ma mesure que je ne le suis à une demeure louée pour quelques mois. J'ai écrit des livres partout où j'ai vécu, souvent dans des conditions d'inconfort à peu près total. Il m'est arrivé de ne pas défaire des caisses entre deux changements de domicile.

Les déménagements ne me pèsent pas vraiment. Je crois même pouvoir dire qu'ils m'excitent.

Pour le premier que j'ai effectué, une charrette à bagages empruntée au chef de gare de Vernaison m'a suffi. Pour l'avant-dernier, trois camions et une remorque ont été nécessaires.

Quand on passe sa vie à déménager, on ne traîne pas avec soi un pareil fourniment. A mon plus récent déplacement, il n'y avait déjà plus qu'une camionnette. Cela ne signifie point que j'aie cessé d'aimer les meubles et les objets, simplement, j'ai compris – et je reconnais que j'y ai mis le temps – qu'on trouve des objets et des meubles à aimer partout où l'on va. M'étant nourri trop longtemps de l'amour de quelques pièces dont j'avais fini par me persuader qu'elles m'étaient indispensables, j'ai enfin découvert qu'il peut y avoir autant de joie dans le changement que dans la continuité.

La vie est une succession de moments-lieux, et c'est leur chaîne qui constitue ma géographie sentimentale. Que certains maillons demeurent secrets ne me semble pas avoir grande importance. La chaîne est là. Des êtres, des contrées, des objets s'y accrochent. Je les laisse derrière moi et poursuis mon chemin de maillon en maillon. Je sais que j'aurais beau secouer la chaîne à en perdre le souffle, nul d'entre eux, jamais, ne lâcherait prise pour se perdre dans les eaux sombres de l'oubli. Et je n'ai pas envie de secouer la chaîne.

Notre mémoire est ce que nous possédons de plus précieux et de plus cruel. C'est elle qui constitue notre terre.

Pour moi, le reste est artifice. Que je sois d'ici ou de là-bas, que je m'en aille vers l'est ou le couchant, c'est finalement le même chemin que je parcourrai. Même si la mort me surprend en route comme elle a surpris tant de mes personnages, je finirai bien par boucler la boucle.

Vivants ou morts, les marins reviennent tôt ou tard à leur port d'attache. Ce sont eux que les veuves en noir attendent sur les môles battus par le vent du large. Ces vieilles-là ne s'y trompent point : les âmes des trépassés ont, davantage que le cœur des vivants, le sens de la fidélité.

Oui, je vais ma route d'espérances, de chagrins et de rires, oui j'ai rompu mes amarres, oui je suis le bateau ivre, oui j'ai lutté pour ne pas l'être mais le fait que je le sois devenu en dépit de tous mes efforts prouve assez qu'il était dans ma nature d'arracher mes racines.

Que mes Terres de Mémoire ne soient qu'un long chemin sinueux et strié d'ornières; que je ne sois plus qu'un voyageur sans bagages, que les arbres ancrés à la glèbe et cramponnés au roc de mon pays me regardent passer sans comprendre importe peu, l'amour et la mort sont de tous les continents et de toutes les mers, c'est en me nourrissant d'amour que je vais vers la mort. J'ignore derrière quelle colline elle s'est embusquée pour m'attendre. La seule certitude qui me reste c'est qu'elle y est depuis toujours, que rien ne peut modifier l'heure prévue pour notre rencontre. Ma foi aussi tortueuse que ma route me promet tour à tour la lumière et le néant. Quel que soit mon destin par-delà cette rencontre, la certitude m'est acquise d'une justice qui me réserve ce que j'aurai mérité.

Les plus riches cités...

Sans doute pour avoir commencé par publier quelques livres dont l'action se situait souvent hors des grandes cités, j'ai longtemps porté l'étiquette d'écrivain-paysan. C'était un titre usurpé. J'aime la terre. Je crois que j'aurais pu y vivre heureux, mais je suis né dans une ville. Ce sont les villes qui ont marqué mon enfance, des villes que j'ai aimées avant même de découvrir ce qu'est véritablement l'existence des paysans.

Certes, mon père m'a appris à bêcher, à semer, à faucher, à battre une faux, à élaguer, à tailler parce qu'il possédait un grand jardin, un pré et une vigne, mais nous vivions à Lons-le-Saunier, cité qui devait compter alors dix à douze mille âmes.

C'est dans une autre ville du Jura, Dole, que je passais une partie de mes vacances. Là encore mon oncle m'enseignait l'art de mener un bateau sur le Doubs, mais c'était en citadin qui sort et non point en laboureur des rives.

J'ai également vécu quelques vacances à Lyon que je devais habiter beaucoup plus tard.

Toujours en raison de ma terrible frousse de la douleur, c'est Lons-le-Saunier où sont enterrés mes parents, où est ensevelie mon enfance que je retrouve avec le plus d'appréhension.

Je redoute cette ville comme la bête sauvage doit

redouter certaines sentes où les pièges ont précipité dans la mort des êtres de son sang.

Voilà qui fait partie des impulsions avec lesquelles on ne discute pas. J'ai depuis longtemps renoncé à engager le dialogue avec certaines parties de moi.

Sartre dit qu'il « n'est pas rare que l'on opte pour une vie passionnelle plutôt que pour une vie raisonnable ». Je n'ai opté ni pour l'une ni pour l'autre. La passion m'habite, elle ne me laisse pas le choix. Elle me pousse. Elle me conduit en des lieux où jamais la raison ne m'eut attiré, elle m'interdit certaines cités pour m'en indiquer d'autres.

Certes, j'aime la nature. J'écris plus volontiers dans le calme des campagnes que dans le vacarme des villes; encore n'est-il pas absolument certain aujourd'hui que les villages, avec leurs innombrables chiens enchaînés par des gens qui prétendent les aimer, soient plus calmes que certaines cours intérieures de Paris. Mais les vastes espaces m'attirent, les forêts aussi où l'on peut marcher ou skier durant des heures et des heures sans jamais se lasser.

Ce point posé, revenons aux villes.

Dole est *ma* ville, si tant est que l'homme ait le droit de se choisir une cité qu'il n'habite pas. Elle l'est pour sa beauté, pour son passé, pour ce que j'y ai de souvenirs, mais elle l'est également, depuis quelques années, pour ce qui la menace.

Je ne vais pas entreprendre ici le procès de la liaison Rhône-Rhin; je voudrais dire seulement combien il me paraît absurde et criminel – si ce canal nous est indispensable, ce dont je suis loin d'être persuadé – de le creuser où les travaux seront le plus coûteux, et dans cette vallée du

Doubs si admirable, alors que d'autres tracés ont été écartés sans aucune étude sérieuse.

J'aime Dole un peu plus depuis qu'existe ce risque de la voir détruite, sans doute à cause de la peine que l'on éprouve toujours à voir disparaître ce qui vous émeut mais aussi parce que toute injustice, toute action stupide me donne envie d'aimer davantage les victimes et de me battre à leurs côtés.

Imaginer que le vieux pont, le Pasquier, le canal Charles-Quint, le barrage des Bains, les écluses, les remparts vont disparaître m'arrache le cœur. Il y a quelques années, j'ai été à deux doigts de m'installer à Dole. Je me serais trouvé sur place pour lutter en compagnie du peintre Roland Gaubert et de quelques autres; lâchement, j'ai renoncé. J'ai fui devant l'image des monstres aux gigantesques mâchoires d'acier ouvrant une plaie dans cette terre. Une fois de plus, j'ai redouté la douleur et me suis dérobé. Je n'en éprouve aucune fierté. Ma seule excuse est qu'après avoir vu détruire Lyon et le Rhône, je ne voulais pas courir le risque d'assister au massacre de Dole et du Doubs.

Les souvenirs, au fond de nous, s'inscrivent avec des mots sonores, avec la musique du vent qui passe sur un coin de terre.

Dans chaque branchage, ce vent chante, ou pleure, ou murmure. Et, lorsqu'il vient de l'est avec le premier soleil, il dévale les monts, il s'attarde en tourbillons roux qui courent comme de grosses toupies d'un bord à l'autre de la forêt de Chaux. Le Doubs, frileux, s'en revêt un instant.

Et puis le vent repart, humide et frais, tout chargé des odeurs mêlées de la rivière et du sous-bois. Il prend en enfilade le canal Charles-Quint où zigzaguent de longs frissons d'étain. Puis, c'est la ville.

Solide contre le flanc de la colline, elle déchire le vent de l'angle aigu de ses vieux toits pentus et sombres. Un temps, elle triomphe. Les vieilles tuiles moussues, les pierres sombres, la masse trapue de la collégiale, l'épaisseur des derniers arbres du cours Saint-Maurice, tout cela fend le vent, le partage, le pénètre et l'oblige à un détour.

Et c'est alors que tout chante vraiment.

Il y a le concert du ciel qui bascule et chavire au creux des venelles d'ombre bleue. Car l'eau est partout au pied de la ville.

Il y a le concert des vieilles pierres dont la grisaille s'émiette, craquelée de bleu et d'or, écumant sous les moulins et les barrages.

Car le Doubs et les canaux embrassent la ville. Ils sont le bras qui va vers elle : ils sont la main qui s'ouvre et les doigts qui se glissent parmi les pierres.

On ne saurait décrire Dole. On ne décrit pas le rêve : il vous emporte.

Et le vent qui chante dans les ruelles, le soleil qui se coule entre les remparts et vernit les pavés, tout cela respire le rêve.

Il faut partir de grand matin, traverser très vite le cours Saint-Maurice, qui regrette ses arbres plantés sous Louis-Philippe, et s'arrêter à la barrière. Ici, on ne parle pas de belvédère, on dit la barrière du Cours. Et c'est de là que l'on embrasse la prairie d'Assaut, la rivière qui découpe les prés, la forêt, au fond, qui fuit vers les coteaux bleus du Jura.

Non, je ne veux pas voir mourir cela comme j'ai vu mourir Lyon et le Rhône.

Car je revois Lyon mutilé chaque fois que le train m'y conduit. Lorsque m'empoigne le monstre de ciment planté où se trouvait jadis l'admirable cours de Verdun, je suis saisi d'indignation. Le manque de respect de certains individus pour les sites ou les cités est insensé. L'indifférence des autres porte à croire qu'ils sont totalement insensibles et étrangers à la beauté.

Vieille capitale des Gaules, porte du Sud où gronde un vent qui charrie parfois des odeurs de Provence, ville chère à Béraud et à Jean Reverzy, hantée par l'ombre de la Belle Cordière, de Chevallier, de Jolinon et de tant d'autres, haut lieu de la peinture, mère de la soierie, inspiratrice de génies scientifiques, artistiques ou industriels, Lyon survivra aux mutilations de quelques hommes dont on se demande s'ils furent cupides ou stupides, mais ses cicatrices demeurent qui m'éloignent des quartiers où j'ai tant aimé à rêver.

Entre les bras du confluent dont les quais plantés d'arbres ont eux aussi été blessés, la basilique Saint-Martin-d'Ainay continue d'être le véritable cœur de la cité. Massive et élégante à la fois, parfaite d'équilibre, imposante gardienne du silence et d'une lumière tamisée à nulle autre pareille, elle dit le poids des ans et la présence sur cette terre de dieux plus anciens que le christianisme. Bâtie à la fin du onzième siècle de notre ère, elle le fut en partie avec des pierres provenant de l'ancien temple d'Auguste et dont je me plais à imaginer que les Romains, déjà, les avaient arrachées à quelques monuments érigés par les nautes d'époques plus reculées encore. Symbole de la persistance d'une foi plus tenace que les religions et plus forte que les hommes, l'abbatiale d'Ainay m'attire par un mystère que n'exerce sur moi aucune autre construction humaine. Elle est le temple par excellence. Non point l'endroit destiné à la célébration d'un culte dont je ne me soucie point, mais l'abri de pierre où veille une flamme dont j'ose espérer que nulle folie jamais ne viendra éteindre.

Je vais rarement à Lyon sans rôder autour d'Ainay, l'oreille tendue, le cœur à l'écoute, l'âme pleine de l'espoir d'une voix qui me demandera d'entrer pour une offrande de lumière et de musique dont seules ces voûtes et ces colonnes peuvent recueillir l'écho.

Je n'entre pas toujours.

Il faut pour que j'ose pousser la porte un je ne sais quoi qui vient à la fois de la qualité de l'air, de la couleur du ciel, d'un reflet des grisailles sur ces murs ou ce porche imposant.

A l'un de mes derniers passages, le rayon de soleil qui coulait d'un vitrail était d'une beauté si prenante, que j'ai cru vivre là un de ces instants d'une intensité si grande qu'on se figure toujours qu'il doive rester unique. La crainte peut-être de n'en point retrouver de semblable m'a depuis lors empêché d'entrer. Je marche tout autour, je passe et repasse devant la façade, mon cœur se serre et je m'éloigne vers l'un des fleuves, un peu tremblant, pareil à l'enfant que j'étais lorsque, venant à Lyon pour la première fois, je courais vers le Rhône dans l'espoir d'y retrouver le Petit Chose et son perroquet.

J'ai raconté ailleurs cette première rencontre du Fleuve-Dieu. Vision d'un monde à jamais disparu, elle continue de m'habiter et je la cherche en dépit de toute raison lorsque le soir décline derrière le dôme de l'hôtel-Dieu. Le ciel demeure. Le sang des crépuscules l'irrigue encore. Les toits sont là, mais les eaux où cet univers se reflète ont perdu leur vigueur. Plus rien ne vient brouiller la cité qui basculait jadis vers un vrai fleuve, et plongeait dans une eau vivante que nouaient des meuilles et des courants.

Déjà en détruisant l'admirable pont de la Guillotière que les plus fortes colères du Rhône n'avaient pu ébranler, les hommes du XXe siècle ont commis un crime que les vrais amoureux de Lyon auront bien du mal à leur pardonner.

*
**

Les cours d'eau me hantent. Ils sont l'âme des pays et les villes qu'ils traversent se trouvent plus riches des pierres précieuses et des métaux ciselés qu'ils déposent à leurs pieds. Miroirs en mouvement, ils émiettent le rêve de pierre des maçons et reconstruisent à leur manière en mêlant aux matériaux le ciment si lumineux du ciel et la musique du vent.

Parmi les autres villes où j'ai assez longtemps ou assez intensément vécu, il y a Québec, il y a Montréal que baigne le Saint-Laurent. Le lent balancement des glaces à l'heure de l'embâcle et de la débâcle est l'un des spectacles les plus impressionnants que puisse donner la nature. C'est la force du renouveau se heurtant à la grandeur de l'hiver, c'est la vigueur du fleuve repoussée par les élans de l'océan qui remonte jusqu'au cœur du continent, c'est la ville contemplant cet étrange combat.

Un frisson passe alors qui ne doit rien au vent glacé.

J'ai eu la chance de vivre cela et celle aussi d'habiter ce Nouveau Monde aussi bien dans ce qu'il possède de plus ancien que dans ses constructions les plus modernes.

Là encore se situe un de ces moments-lieux qui constituent l'essentiel de mes Terres de Mémoire.

Grand amoureux des demeures isolées, j'ai aimé pourtant les hauteurs des tours de Westmount et leur confort à l'américaine.

Que ce soit à l'heure où le reste de la cité disparaît effacé par la tempête de neige, que ce soit lorsque la longue épée d'argent du fleuve partage en deux les bas quartiers poudrés des cendres grises du crépuscule, que ce soit lorsque l'aube grandit et fait pâlir les constellations de l'océan de vie qui roule ses vagues d'or et de sang au pied des falaises de métal, je tiens qu'habiter ces sommets de ferraille et de verre laisse au cœur de l'homme des traces indélébiles.

Et que dire de Paris? Est-il possible de traverser les jardins du Luxembourg en automne, à l'heure où stagnent encore des restes de nuit sans inscrire à jamais, au fond de soi, une merveilleuse image?

Tout voir, tout embrasser d'un continent à l'autre, ainsi se définit peut-être l'espérance de ces marins un peu fous dont je suis. Et le filin de l'amarre pas plus tôt passé dans l'anneau du quai, déjà la marée descendante oblige le bateau à tirer vers le large.

Ce soir encore, alors que défile le film aux enchaînements souvent brutaux des lieux où j'ai voulu jeter l'ancre, se remettent à chanter en moi ces vers de Baudelaire qui m'arrivent tout droit du seuil de mon adolescence :

« *Les plus riches cités, les plus grands paysages,*
Jamais ne contenaient l'attrait mystérieux
De ceux que le hasard fait avec les nuages. »

Serais-je donc toute ma vie le « *matelot ivrogne, inventeur d'Amériques* » qu'il faudrait mettre aux fers?

Une fois de plus, je m'interroge. Une fois de plus je me tourne vers ma fenêtre et je contemple la montagne où les roches, ce soir, sont aussi claires que les quelques traces de neige encore accrochées entre les sapins noirs. Je sonde le ciel et j'écoute le vent, ni l'un ni l'autre ne me donnera cette réponse dont je sais qu'elle demeure au fond de moi, dans ce limon encore informe où dorment peut-être les éléments qui composeront demain mes autres Terres de Mémoire.

Le pays et le rêve

Il est bien des manières d'être sensible aux lieux et j'ai souvent constaté que de grands voyageurs passent en certains endroits qui me semblent infiniment chargés sans s'émouvoir le moins du monde. Peut-être souriront-ils de mes émois, de mon trouble.

Hier encore, revenant de Paris par le train, je me suis endormi du côté de Montbard pour me réveiller en sursaut alors que le convoi, sorti du tunnel, passait à hauteur de la Combe aux Fées. Etrange sensation : je venais de franchir, sans m'en apercevoir, la ligne de partage des eaux entre le nord et le sud. J'avais quitté, sans le savoir, les vallées dont le ruissellement s'en va vers le bassin de la Seine, pour déboucher sur le versant qui coule vers la Méditerranée.

J'en ai éprouvé un certain trouble.

C'est que, pour moi, durant toute mon enfance et mon adolescence, durant mes années de peinture intense et mes débuts d'écrivain, les eaux ont toujours coulé vers le sud.

Les lignes et les points de partage des eaux me paraissent d'une extrême importance. Il y a quelque chose de profondément émouvant à penser que la goutte de pluie qui tombe ici ira à la Méditerranée alors que celle de la même ondée, qui touche terre deux centimètres plus au nord ira à la Manche. A peine plus à l'ouest, elle se rendrait vers l'Atlantique par le val de Loire.

Les premiers temps que je vivais au bord de la Marne, puis au bord de l'Yonne, j'étais désorienté. Ces eaux coulant vers le nord m'avaient fait perdre le sud à moi qui, pourtant, me veux homme du nord et de l'est.

Encore une contradiction, un motif d'inquiétude.

L'île de Sein, ce rocher battu par les vagues, comme le Cap Saint-Vincent à l'extrême sud-ouest du Portugal constituent les pointes avancées du vieux monde. Plus loin, exception faite de quelques poussières de rochers, naîtra le Nouveau Monde. Un autre univers, une civilisation différente, assez pour que je sois profondément bouleversé en foulant du pied de tels lieux. De ces promontoires, de ces îlots, il semble que ne s'ouvrent plus à nous que des horizons de voyage, des portes sur l'aventure. Les quittant lorsque le soir enfouit la lumière derrière les eaux, j'ai cent fois remis mes pas dans mes pas alors que, de toute sa force, le grand large m'appelait. Vieux rêves d'enfance jamais réalisés dans toute leur plénitude, ils continuent de m'habiter depuis le chêne têtard de notre jardin dans la mâture duquel je me suis tant accroché pour tenir tête à la tempête.

Même s'il m'est donné un jour de naviguer vraiment, je sais que je ne serai jamais marin, et sur ce point du moins j'aurai raté ma vie. Nul océan jamais n'aura pour moi ni les couleurs, ni les parfums, ni les colères de ceux dont j'ai rêvé en contemplant un potager fleuri.

Les lieux aussi où passent d'autres courants me sont sensibles.

Ainsi ai-je tenté de suivre les traces de Michel Strogoff. Sans doute était-ce là encore à la poursuite de souvenirs d'enfance que je partais. Car les livres peuvent être nos Terres de Mémoire. Mais il advient que les réalités de certains continents trahissent la littérature. Sans doute Jules Verne n'avait-il jamais accompli le voyage, car rien ne ressemble à ce qu'il « décrit ». Le génie de l'inventeur d'histoires dépasse ici, et de très loin, celui du Créateur.

Il n'en reste pas moins que les steppes infinies, les forêts du lac Baïkal dont l'aspect rejoint les visions du Nord américain, continuent de me fasciner comme elles l'avaient fait à travers des lectures où l'on voyait les héros de London et d'autres moins célèbres marcher vers des infinis de blancheur.

A Bâle, il y a un lieu où se rejoignent trois pays : la Suisse, l'Allemagne et la France. Si vous posez le pied droit ici, il se trouve dans un pays alors que le gauche est encore dans l'autre. Et si vous étiez un trépied... Encore une sensation étrange et forte. Car les frontières ont fait couler trop de sang pour qu'il nous soit permis de les voir s'enchevêtrer ainsi sans que notre gorge se noue.

Je suis sensible aux lieux où s'effectuent les rencontres. Ainsi n'ai-je jamais traversé la Saône ou le Rhône sans penser que c'est là que passe la frontière entre l'est et l'ouest, entre le Royaume et l'Empire. Pour tout dire, entre deux mondes. Que l'histoire l'ait abolie politiquement, je m'en réjouirais si ce n'avait été pour en dessiner une autre. En dépit des tracés récents, elle demeure, d'une certaine manière, même si très peu d'humains en sont encore conscients. Le passé habite en des régions de l'être qui dorment sous le limon des siècles, il ne s'efface point. Son sommeil habité est une de nos richesses, un trésor souvent inconnu mais non point détruit.

J'ai voulu vivre en des lieux sans existence, et je

n'ai pas pu. Je parle ici des banlieues. Je sais que pour certains elles ont une âme. Celle de Paris touchait profondément Gilbert Cesbron qui s'étonnait de me voir tel que je suis. Pour moi, ces terres bâties entre la ville et la campagne constituent un univers où mon esprit se perd, où mon pas divague, où ma barque ne trouve jamais aucun quai d'amarrage.

Peut-on écrire ce mot : Jamais ?

Qui donc eut osé prédire à l'incorrigible bourlingueur qu'était Pierre Mac Orlan, une vieillesse sans voyage ? Dans sa maison un peu sombre, enterrée sur la rive du Petit Morin, il avait enfermé le monde. Il le vivait. Il le revivait. Chaque hiver, il me parlait de la Bretagne avec une telle passion que je disais :

– Pierre, nous irons au printemps. Je vous conduirai partout où vous voudrez aller.

– J'aimerais, mais il y a le chat, il y a le perroquet...

Il y avait toujours quelque chose.

Le perroquet est mort, le chat s'en est allé, Pierre s'est retrouvé seul. La Bretagne devenait accessible. Chaque hiver, nous en reparlions. Par habitude. C'était devenu un rite, entre nous. Une vieille complicité. Pierre disait :

– C'est au printemps qu'il faut la voir.

Et moi, j'avais compris depuis longtemps que, même s'il me l'avait demandé vraiment, je n'avais plus le droit d'emmener Mac Orlan à la recherche d'une contrée disparue. Qu'eût-il donc retrouvé de la Bretagne qu'il avait tant aimée, de Brest qu'il a si bien chantée ?

La saison propice à notre voyage approchait. D'un commun accord nous cessions d'en parler. Et puis, lorsque l'été s'avançait, Pierre se mettait à évoquer la Bretagne. Il racontait *notre* voyage.

Le vieux coureur de ports, l'homme qui avait tant vécu avec les marins demeurait chez lui, le nez collé à la vitre, attendant que viennent le voir des gens auxquels il pourrait faire visiter le monde.

Ses Terres de Mémoire sont dans les chansons admirables qui furent sa dernière croisière.

L'unique promenade de ses vieux jours le conduisait au cimetière par un chemin étroit où il aimait à marcher seul. Fut-il malheureux? Peut-être la nostalgie de certaines heures l'habitait-elle parfois, les soirs d'hiver, lorsqu'il disait que François Villon venait heurter à sa porte. Mais je ne crois pas que ce merveilleux jongleur de mots, ce prestidigitateur, ce projectionniste du rêve ait jamais interrompu son périple.

Alors que nous l'imaginions cloîtré à Saint-Cyr-sur-Morin, il continuait d'habiter le voyage.

Ainsi finirai-je peut-être un jour par passer, sans m'en apercevoir, de mon actuelle errance au voyage immobile qui confine à la mort.

Saint-Télesphore des neiges

Le souvenir me hante de ces immensités. La maison de bois était nue au milieu de la plaine, à mi-distance entre les glaces du Saint-Laurent et celles de la rivière des Outaouais.

C'était peut-être un peu du nord dont j'avais si souvent rêvé au cours de mon enfance. Un peu du pays où commence l'aventure. C'était à la fois le souvenir de la maison de Tolstoï et celui des pionniers d'autrefois.

Car à côté de la demeure que j'occupais, la plupart du temps dans une absolue solitude, restaient debout les bâtiments déserts de l'ancienne ferme abandonnée. Le nordet y coulait son haleine glaciale, poussant par chaque fente cette fine poussière de neige qui s'infiltre partout, envahit comme une eau et étire des sillons éclatants sur les vieux planchers, entre les stalles d'écurie ou le long des cloisons où s'adossaient jadis les couchettes des travailleurs.

Pays beaucoup moins âgé que le nôtre, le Québec porte son histoire à bout de bras. Il raconte de mémoire d'homme. Son archéologie de pin et de bouleau a la saveur âpre d'une terre où les saisons sont d'une extrême brutalité.

Là-bas, j'ai cédé au vertige des immensités et compris pourquoi tant d'hommes venus de l'ancien monde se sont épris de ce pays au point de s'y fixer et d'y faire souche.

Loin du mauvais folklore qui se développe autour du souvenir d'Eva Bouchard, j'ai senti et parfaitement compris ce qu'avait pu être pour Louis Hémon la séduction de ce pays. Ponctuée de fermes bâties chacune sur sa concession le long des rangs, semée de taillis, piquée d'ormes majestueux (dont l'hiver fait oublier la mort) cette plaine est une constante invitation au départ.

Rectiligne jusqu'à l'horizon, une voie de chemin de fer la traverse où passent trois ou quatre fois le jour d'interminables trains de marchandises. Le hurlement lugubre de leurs machines est comme la longue plainte d'un froid qui saisit tout, choses et gens, qui vous enveloppe et vous mord.

Parfois bloqué là par la tempête – cette poudrerie hurlante et meurtrière pour qui l'affronte en solitaire – j'ai vécu des heures d'isolement total, des émotions inoubliables.

Et puis le ciel aussi d'une infinie pureté après les temps brouillés. Le ciel immense sur les immensités polies comme du marbre par l'infatigable vent. Le ciel plus éclatant que celui des déserts brûlants!

De tels pays on peut partir un jour vers le nord. Partir à la manière des vieux esquimaux persuadés que plus jamais ils ne seront d'aucune utilité à la tribu. Refusant d'être une charge, ils s'en vont d'un pas tranquille. Ils marchent, marchent jusqu'à ce que s'en viennent les rejoindre la fatigue et le sommeil. Alors, assurés que nul ne saurait les retrouver, faisant alliance avec le vent effaceur de traces, ils s'allongent sur le moelleux des neiges où le froid les endort.

L'hiver est leur ami qui leur donne la mort. Une fin sans éclat, la plus douce paraît-il que puisse espérer celui qui a décidé de larguer les amarres pour un dernier voyage.

Ces horizons sans bornes invitent au départ. Un départ pour ailleurs ou pour l'éternité, peu importe après tout lorsqu'on est de ceux qui partent pour partir.

Et c'est peut-être un peu à cause de cela que je les aime tant.

Post-scriptum

Ai-je vraiment fait le tour de mes Terres de Mémoire? Certainement pas. Je l'ai dit, tout m'est Terre de Mémoire qui m'a un jour, une heure, un instant peut-être profondément ému.

Ainsi se dévide en moi, chaque fois que je me laisse empoigner par le rêve, le film sans début et sans fin des terres habitées et des terres entrevues. Ainsi se succèdent et se chevauchent des milliers d'images aux ruptures brutales, aux fondus enchaînés, aux superpositions savantes où il arrive parfois que ma souvenance s'égare.

D'où surgissent-elles? De quel gouffre sans fond remontent leurs couleurs brouillées, leurs camaïeux savants, leurs dégradés subtils? Je l'ignore et je veux que demeure leur secret.

De ce flot, pareil aux fleuves chargés du reflet des crépuscules, émergent de loin en loin quelques arpents aux traits gravés d'un burin plus précis. Un arbre sur une colline; une vigne grimpant jusqu'à un bois; une aurore sur les coteaux de Vernaison, brutale, chargée d'un reste d'orage nocturne, instant inoubliable où, parti pour peindre, une force terrible issue à la fois de la terre mouillée et du ciel fou m'a courbé les épaules, fait plier les genoux, aplati sur la glèbe que j'ai embrassée longuement.

Oui, mes labours de mémoire sont composés de cent mille émotions, de cent mille visages, de cent mille rencontres. Vieillards douloureux et émus, femmes aimées soulevées de bonheur ou ravinées de chagrin, enfants heureux sous nos ciels d'or, enfants squelettiques des camps du Bengale ou d'ailleurs, visages atrocement brûlés au napalm, membres coupés, plaies ouvertes, corps tordus par le choléra et abandonnés à leur fin solitaire au cœur de la foule écrasée de haine et de stupidité.

Nulle revue de mon passé ne m'est permise sans qu'intervienne le cortège de mes morts. Il me suit depuis mon enfance. Depuis que mon oncle en a pris la tête, depuis que mes parents, mes camarades y sont entrés. Grossi sans cesse il s'est ouvert à mes personnages et les défunts de la réalité y côtoient aujourd'hui ceux de l'imaginaire. Ils s'accordent pour me suivre. Ils attendent patiemment l'instant où je m'intégrerai vraiment à leur cortège.

Sans eux, le verger de ma souvenance ne serait qu'un désert. Mais serait-il ce qu'il doit être sans qu'apparaisse aussi cette autre source d'émotion qui vient des toiles admirées, des livres lus, des musiques ou des chansons écoutées. Citer un nom serait ouvrir les vannes au flot de tous les autres. Mais qu'il soit bien entendu ici que, pour moi, il n'est point d'univers sans la création de l'homme, artiste ou artisan. Et ce monde de l'œuvre d'art et des objets chargés m'est à tel point précieux que je rêve du jour où me viendra enfin la force de n'en plus posséder aucun pour mieux m'ouvrir à tous. Ainsi cette part de mon terroir pourra-t-elle être sans relâche renouvelée, faite de découvertes perpétuelles, d'un enchaînement d'instants.

Reste qu'un voyageur est toujours infidèle, même si durant des années il ne voyage qu'en pensée. A trop vouloir étreindre j'ai peut-être mal embrassé.

Lorsque j'entreprends le compte de mes amis, je m'aperçois très vite que la plupart d'entre eux sont restés à l'amarre. Solidement enracinés, même s'ils ont beaucoup voyagé ils n'ont jamais manqué de revenir au port, et ce port n'a pas changé. Naviguant un peu trop je les ai parfois perdus de vue, certains d'entre eux se sont lassés de me suivre des yeux d'un horizon à l'autre. Faite d'une succession de déchirements, ma vie – j'en suis conscient – peut paraître une folie à ceux qu'effraient les départs. Elle témoigne de beaucoup plus d'inquiétude que d'insouciance. Un jour elle me porte aux sommets de sa houle sous un soleil de joie, le lendemain c'est moi qui la traîne entre les écueils sous un ciel noir qu'habitent les orages.

Et je m'en vais, toujours dans l'ignorance de ce que dissimule la vague qui suit la vague, épave plus que vaisseau sur les immensités où se perd la mémoire.

Bernard CLAVEL
25 mai 1980

CLAVEL-DE-NULLE-PART

Commentaires de Georges Renoy

Je ne pourrai jamais retrouver le vrai visage de ma terre : cet œil pur des enfants, je ne l'ai plus.

Jean GIONO
Manosque-des-Plateaux

Autant savoir

Ma première rencontre avec Bernard Clavel remonte au mois de janvier 1969. J'en ai la preuve sereine et précise sur la page de titre de *L'Espagnol* où, depuis, un arbre sans feuilles déploie ses branches, entre les mots. Il me l'avait dessiné à l'issue d'une interview filmée que je fis de lui ce jour-là pour le compte de la télévision belge. L'homme m'avait séduit par la jeunesse et la générosité de ses propos et par leur évidente sincérité. Une sympathie était née entre lui et moi qui serait sans lendemain immédiat. Je laissai donc là l'écorché au crâne rasé qui parlait si bien le langage de l'antimilitarisme et de la non-violence et que ni la caméra ni le Nagra ne pouvaient empêcher de s'enflammer.

Je l'ai revu longtemps après, toujours par le biais de la télévision à laquelle je dois d'avoir un jour trouvé ce frère sur ma route. Il venait de publier *Le Massacre des innocents,* un livre bouleversant où l'intolérable le dispute à l'injuste. Car rien n'est plus insoutenable que la mort d'un enfant, rien ne dépeint mieux la solennelle bêtise des hommes qu'un visage de 7 ans effacé par le napalm d'où la vie continue de sourdre et qui respire sans narines, regarde sans yeux et parle sans bouche. Tout cela, Clavel l'avait vécu et dépeint sans concession à travers l'enfer paradisiaque de l'organisation *Terre des Hommes* que dirige Kaiser, à Lausanne. Parti avec une équipe de prises de vues au grand complet, je ramenai de Suisse un reportage éloquent que les producteurs de l'émission hésitèrent longtemps à mettre sur antenne. C'était en un temps où d'aucuns pensaient encore qu'il y a des limites à l'information et que le téléspectateur moyen ne tolérerait pas ces images insoutenables. En quoi ils avaient peut-être raison et sans doute furent-ils nombreux ces respectables pères de famille qui passèrent ce soir-là sur une autre chaîne, à la recherche du Sacha-show ou de la finale de Coupe d'Europe qui les distrairait d'une journée de labeur. Invité à assister à la projection du film puis à participer au débat qui suivrait en studio, Bernard Clavel était là, à mes côtés, entouré de filles et de garçons, invités eux aussi. Col ouvert – a-t-il jamais possédé une seule cravate? – il parla longuement et ce qui devait être un entretien sinon une joute oratoire ne fut qu'un monologue, non que les jeunes présents n'eussent rien à exprimer mais parce qu'il est un moment où les mots vous restent dans la gorge, un moment où il y a tant de choses à écouter que l'on n'en a plus guère à dire. Quand je le quittai, ce soir-là, je savais mieux pourquoi il est des hommes essentiels et qui ils sont.

Quand parut *Lettre à un képi blanc*, l'envie de le faire parler devant un micro me reprit et j'entraînai opérateur, ingénieur du son, réalisateur et scripte à Paris. Bernard Clavel y avait son pied-à-terre, Villa Poirier, à deux pas du boulevard Pasteur. Dire que, comme à l'accoutumée, il fut brillant, serait stupide. Il fut. Et c'est énorme.

Mon quatrième rendez-vous avec le Tristan du Rhône eut lieu à Villeneuve-sur-Yonne, aux Relais, cet ancien relais de postes qu'il avait acquis à mi-chemin entre Paris et Chalon-sur-Saône. J'y passai la soirée, puis la nuit, après avoir consacré la journée à le suivre à la trace, d'un bout à l'autre de son domaine, caméra et enregistreur sur les talons, Clavel-bûcheron, Clavel-narrateur, Clavel-terrassier, Clavel-menuisier, Clavel-poète, Clavel-qui-rit, Clavel-qui-s'esclaffe, Clavel-qui-tonne. Clavel aux yeux de velours. Clavel-l'hospitalité.

Depuis, il ne s'est jamais écoulé longtemps sans que j'aie la joie de me repaître de sa chaude amitié. Depuis, Bernard a traversé bien des tempêtes, toujours inquiet de la détresse des autres et rongé par l'angoisse de ne pas être ce qu'il aimerait être aux yeux de ses proches. Depuis, aussi, notre amitié s'est enracinée à jamais dans nos fibres comme me le rappellent – si besoin est – ces longues lettres qu'il m'adresse de fort loin ou qu'il dépose sur mon bureau, à mon insu, à la fin d'un séjour trop bref.

A l'heure où j'écris ces lignes, il se trouve à mille lieues d'ici, quelque part au Portugal, à la recherche de la fragile sérénité qui lui permettra de rédiger le quatrième volume des *Colonnes du Ciel*. Je sais qu'il y parviendra mais je sais aussi que la lutte sera âpre avec lui-même, avec le temps, avec la peur et qu'il enfantera dans une douleur atroce. Je sais encore que le livre qu'il mettra au monde sera important. Parce que les heures qu'il vit sont importantes et que, pour cet homme sans épiderme, la création libère. Au bout de l'effort harassant qu'il a entrepris, il y aura peut-être une ébauche de certitude. A propos des autres. A son propos.

Quand je le reverrai, je compterai un sillon de plus à la patte d'oie qui termine son regard. Il aura pour moi cette tendresse bourrue derrière laquelle il cherche – en vain – à dissimuler les débordements d'un cœur logé à l'étroit dans une poitrine cependant fort large. Il fera appel à son vocabulaire de choc pour jouer les désinvoltes et griffonnera un message d'amitié qu'il glissera subrepticement entre les pages d'un livre que je compulse. A moins que, naïvement, il ne me vole une grande feuille de papier d'Arches pour y peindre le fleuve aux vorgines et me la restituer ensuite. L'air détaché, il précisera : c'est pour toi. Et je saurai que la vie bouillonne plus que jamais en lui, comme l'eau du Rhône se précipite vers son embouchure. Et je saurai que j'ai cette chance exceptionnelle de me trouver sur l'une de ses rives pour la regarder passer. Et j'appréhenderai l'heure où son regard scrutera à nouveau l'horizon. Sans doute parce que la Lumière viendra d'ailleurs.

31 mai 1979

Le ventre sur la main

Je vais tricher. Je le sais. Je ne dirai pas la vérité, toute la vérité, rien que la vérité. J'ai sous les yeux un paquet de lettres de lui. Il me les a adressées tout au long de ces deux années écoulées avec une régularité géométrique. Jamais sans doute il n'a été autant lui-même que dans ces lignes déchirantes écrites sous le coup de l'émotion la plus incontrôlable, celle née de l'événement qui se dérobe, de la passion qui obère, de la conscience qui laboure. Profondément. Quand les entrailles, ainsi, remontent à la surface, la volonté ne peut plus rien et la plume se met à galoper, happée d'un mot à l'autre par les lettres qui se dessinent toutes seules.

J'ai Clavel, là, sous la main. Il me suffit de saisir une page pour le découvrir chauve par l'intérieur. Que je retranscrive ces phrases à l'emporte-chair et il vous saute au visage. Pas tout à fait cependant. Car il y manquerait la rugueuse arabesque de sa graphie, une écriture impatiente qui tente de ne pas se laisser dépasser par la pensée, où les signes ne sont souvent qu'esquissés mais se reforment aussitôt. En réalité, pour mieux le connaître et le comprendre, il faudrait lire Clavel en manuscrit. Il perd beaucoup à être typographié.

Mais n'est-ce pas le lot de tous les écrivains?

J'ai Clavel, là, à portée de plume, et je sais que je le laisserai presque tout entier à son intimité. Car nul n'a le droit de tisonner ainsi férocement dans un feu qui n'a pas encore produit toutes ses cendres. Et quand bien même...

Mais n'est-ce pas gommer une part importante de son personnage que de laisser dans l'ombre ce qui s'y trouve? A quoi riment ces Terres de Mémoire émasculées, privées de ce qui en est peut-être l'essentiel? Et puis quoi : qu'a-t-il donc à cacher, ce conteur hors pair que tant d'hommes et de femmes, de tous âges et de toutes conditions, ont érigé en phare de leur conscience?

Rien. Rien qui n'ait ravagé, à l'un ou l'autre moment de leur vie, tous les autres hommes et toutes les autres femmes de cette minuscule planète où les destins se cherchent et se rejoignent selon les règles les plus incohérentes, les plus déconcertantes. Rien qui mérite la première lettre du mot blâme, rien qui ne tourne à l'admirable dès l'instant qu'Amour, Souffrance, Désarroi, Absolu se trouvent dans la partie.

Je range Clavel dans la catégorie des hommes admirables et je ne lui reconnais pas le droit de vouloir m'empêcher de penser ainsi. Cela ne regarde que moi. Ces lignes paraîtront telles qu'elles s'écrivent en ce moment, intégrales. Ou elles ne paraîtront pas, si tel est son désir, et nul, jamais, n'en saura rien.

Je me sens mieux.

Je me sens mieux car j'ai franchi le premier pas. Celui qui me conduira, peut-être, vers le Graal qui brasille au ventre de Clavel.

Le plus rude, lorsqu'une amitié se tisse entre

deux hommes, c'est de ne s'arroger aucun droit l'un sur l'autre.

La fraternité que Bernard Clavel me porte ne me donne donc aucun droit sur lui. Mais elle me pousse aux limites du devoir, aux limites de ma propre fraternité.

Clavel-de-nulle-part

Certains se penchent sur leur passé pour en dresser l'inventaire et s'en gargariser. D'autres lui courent aux trousses, inlassablement, comme s'il fuyait devant eux, comme s'il était encore à atteindre alors qu'il est à tout jamais englouti. Bernard Clavel est de ceux-là. Pour son plus grand désarroi. Car, à poursuivre ainsi l'impoursuivable, on se déchire et l'on se consume.

Comment, dès lors, raconter ces Terres de Mémoire d'un homme qui, en définitive et selon son propre aveu, n'en a pas, puisqu'elles se situent moins dans l'espace que dans le temps? Comment retrouver son limon nourricier puisque ses racines sont tournées vers l'intérieur. A quelle géographie l'identifier, lui qui n'est de Nulle Part?

Clavel-de-nulle-part! Voilà qui en fera sourire plus d'un. Soyons sérieux : Clavel, c'est le Rhône, c'est Vernaison, c'est Château-Chalon, c'est Lons-le-Saunier, c'est Dole, c'est le Revermont, le Haut Jura, c'est le Haut Doubs, le pays de Vaud, les monts du Lyonnais, c'est le Québec! Tout cela, on vous le confirmera d'ailleurs d'un bout à l'autre de ce grand morceau de France qui l'a enfanté. Questionnez ceux de Lons ou de Dole et vous verrez s'il n'est pas de chez eux!

Si seulement c'était vrai. S'il suffisait de retrouver la trace de ses pas pour le découvrir, lui, tel qu'il est, tel qu'il est devenu. Comme les choses seraient simples. Il n'y aurait qu'à se rendre sur place, interroger et prendre des notes. Baguenauder, le nez au vent jusqu'à ce que le pourquoi et le comment se confondent. Harmonieusement. Et la librairie compterait un bouquin de plus.

Au fait, si ce n'est pas « ça », qu'est-ce que c'est?

Autant se résigner à cette idée incommode : les terres du Jura et des environs se sont approprié Clavel, elles l'ont confisqué avec toute la férocité d'une mère jalouse de son bien. Et c'est les ramener, lui et son œuvre, à des dimensions bien mesquines que d'en faire le chantre d'un terroir, écrivain régionaliste contre son gré, qui sent mûrir en lui les raisins de la colère à mesure que se referment les mailles du filet dans lequel on prétend le retenir.

Pour leur meilleur confort intellectuel, critiques et journalistes se sont mitonné tout un arsenal d'étiquettes qu'ils attachent sans vergogne au dos de ceux qui leur passent entre les mains. Voilà donc Clavel écrivain populiste, saint laïque, apôtre de la non-violence, anti-militariste notoire, barde du Rhône, chantre du Jura. Le temps de le répéter quelques fois et l'étiquette adhère à jamais, malentendu entretenu inconsciemment par Clavel lui-même qui ne songe à se rebiffer que lorsqu'il est trop tard. Dorénavant, on ne verra plus dans ses textes que des idées et des intentions, là où il ne cherche tout bonnement qu'à faire vivre des personnages. Spéculation dangereuse qui frise le procès d'intention.

Je m'interroge brusquement : ces Terres de Mémoire de Bernard Clavel viennent-elles à leur heure? Eût-il été prématuré de les écrire plus tôt?

N'eût-il pas été préférable de les remettre à plus tard ?

Est-ce à dire que les Terres de Mémoire d'un écrivain ne sont pas immuables et qu'elles sont susceptibles de se modifier?

Assurément.

Le moment des retours sur soi-même se déplace sans cesse; le prisme utilisé se sophistique avec le temps qui passe. Là où, à trente ans, deux ou trois facettes suffisent pour trier le passé du regard, à soixante elles sont cent à déboussoler la mémoire, à entamer la conscience et la perception des choses.

Pas plus qu'il ne détient le pouvoir de dominer son présent et son avenir, Clavel ne possède celui de contrôler son passé. N'est-ce pas là ce qui fait toute la dérisoire grandeur de la condition humaine ?

Naissance de l'Odyssée

Juin 1979. Clavel se trouve au Portugal, à Praia da Luz, dans une « maison blanche et fraîche, une maison de riches qui jouent à ne pas avoir trop de confort. Le jardin est bouffi de fleurs, les feuillages forment voûte. »

C'est ainsi que Josette Pratte qui l'accompagne me décrit les lieux. Dans une lettre datée du 4, Bernard précise : « *Je te laisse tomber depuis trois jours uniquement parce que, m'étant enfermé pour ne plus entendre ni le vendeur de cassettes installé devant chez nous avec son zinzin, ni les chiens, ni les motos, ni le chantier voisin, ni le poste de radio d'un bastringue, j'en arrive tant bien que mal à pousser mes 9 à 10 heures par jour de labour. Ce que ça donnera, c'est autre chose...* »

Le moment est crucial. Une longue année s'est écoulée depuis la parution de *La Femme de guerre* et 1979 s'achèvera sans que *Les Colonnes du ciel* se soient augmentées d'un quatrième volume. La vie, les événements, les êtres, tout ce qui fait l'insaisissable, en ont décidé ainsi. L'échéance est là qui le talonne. Une échéance d'autant plus irritante qu'elle n'a jamais été définie. Car, comme tous les écrivains de sa race, Clavel est son propre maître. Le plus exigeant de tous. Si seulement il ne s'agissait que de rendre des comptes à un éditeur! Mais il faut se les rendre à soi-même. Et puis, le terme est proche.

L'enfant est là qui se présente, il faut donc le mettre au monde, lui faire voir le jour. Il sera toujours temps, plus tard, de s'interroger sur ses qualités, ses défauts. Une opération à la fois.

« La plume de Bernard a commencé de courir sur le papier, me signale Josette. Elle court vite. Et bien. »

Le long voyage autour de soi-même a commencé, entrecoupé de bouffées d'amitié. Quand il s'arrête d'écrire, c'est pour écrire encore et me mettre dans la confidence. Un pied dans la réalité, un autre dans le rêve. Mais est-ce bien un rêve?

Le 7. « *Quand j'écris un roman, j'aime beaucoup le moment où je vais rencontrer un nouveau personnage dont je sens qu'il pourra devenir un ami. Je sais ce qu'il va être – à peu près – et qu'il ne me laissera pas tomber. C'est une espérance que la vie ne nous aide pas souvent à réaliser avec de vrais hommes. Toi, tu es un ami que la vie m'a donné. Alors je te dis ça, parce que je sais que tu seras heureux de savoir que je vais rencontrer un ami tout neuf.* »

L'ami tout neuf se nomme Dolois-Cœur-en-Joie, le « *frère par le compas* » de Bisontin-la-Vertu, le fort en gueule qui surgit à la page 140 de *Marie Bon Pain*, l'homme à qui l'on pardonnerait tout, car il détient « *un grand pouvoir de rire et une belle force saine* ». Personnage essentiel du roman qui va permettre à Clavel de se dédoubler, de se partager entre les deux charpentiers, de mettre dans la bouche de l'un ce qui sonnerait faux, pour l'instant, dans celle de l'autre mais qui naît de la même plume, outil d'un seul et même cœur.

Le 8. « *Je continue de me payer mes 10 à 12 heures d'établi par jour. S'il n'y avait pas ces putains de clébards! Plus que jamais je doute de moi. Il me semble que c'est très mauvais malgré un certain bonheur d'écrire. De toutes manières, il faut aller au bout. Les autres jugeront.* ».

L'écriture, pour lui, c'est du « *labour* », de l'« *établi* ». Vocabulaire sans équivoque qui ramène sans cesse sa tâche à celle d'un artisan que la peine ne rebute jamais. Aucun horaire syndical, cependant. Pas davantage de références para-intellectuelles. Il travaille, en bon ouvrier consciencieux et qualifié qu'il est.

« *Je doute de moi* ». Réflexion inutile. Je ne le sais que trop. Les succès, les honneurs ont beau s'accumuler sur sa tête, ils ne parviennent jamais à entamer sa splendide incertitude. Il est des hommes que la réussite rend arrogants. Il en est d'autres qu'elle plonge dans l'angoisse.

Le 9. « *Il y a une chose qu'il faudra que je te confie, c'est la première version de* La Lumière du Lac. *Tellement loin de la définitive. Ça peut servir un jour à un de ces maniaques qui cherchent à savoir d'où sortent les choses.* »

Jour après jour, son nouveau roman me parvient, par petits tas, lambeaux de chair vive qu'il s'arrache à lui-même, au fil des heures. Ma pensée chemine sur ses traces avec quarante-huit heures de décalage, le temps qu'il faut au courrier pour m'arriver du Portugal. J'appréhende le moment, lointain encore, où il attendra l'opinion des autres, celle de son ami Peuchmaurd en particulier. « *Pas question d'édition de complaisance!* » m'a-t-il souvent répété. « *Le jour où ce que j'écris devient mauvais, il faudra me le dire.* »

Le 10. « *Nuit blanche à cause des chiens. Ce matin, travail. Encore les chiens. J'avais oublié qu'ils aboient aux vagues et que ça amuse leurs maîtres. Je suis à bout de forces.* »

Le 11. « *J'ai mal à la main* »

Le 17. « *Je suis vidé. Epuisé après m'être sorti des tripes en 17 jours plus de 300 pages. Je me trouve devant un grand vide avec le sentiment que ce fatras ne constituera jamais un livre... Je crois sincèrement que ça ne vaut pas cher. Ne lis pas ce brouillon. Tu perdrais ton temps.* »

Je n'en suis pas si sûr.

Le 20. « *Je me suis vidé de mon bouquin. Apaisement. Je me trouve devant un immense trou noir.* »

Le ton est plus détendu. L'accouchement a été douloureux mais l'enfant se présente bien. Je le sais, je le sens. Je sais aussi que ceux qui s'imagineront qu'un roman de plus de 300 pages, ça s'écrit en 17 jours, se tromperont lourdement. Comme tous les enfants, il a fallu le concevoir, le porter, en une longue gestation, lente et bouleversante. A présent, il va falloir l'oublier, l'ignorer, le mettre à la consigne, pour l'aller rechercher plus tard, dans quelques semaines, dans plusieurs mois peut-être, pour alors le redécouvrir, le regarder en face, le considérer d'un œil impitoyable, le dégrossir, le fignoler, le rendre présentable, le faire beau.

Mais nous n'en sommes pas là. Le moment est simplement venu d'entendre autre chose que le hurlement des chiens ou le zinzin du marchand de glaces. Voire.

« *Il faut dire que nous ne risquons pas de nous éterniser à la plage avec le monde qu'il y a en bordure de l'eau. Pas dedans. Si bien que je me demande ce qu'ils font là. Ils rôtiraient plus rapidement au Sahara, ça leur coûterait moins cher. Leurs foutus chiens pourraient gueuler, ça n'empêcherait pas les caravanes de passer.* »

Trois jours s'écoulent sans qu'aucune heure ne soit habitée par la chaleur de ses mots. Trois jours de vide, trois jours creux.

J'ai l'image de sa joie imprimée à jamais au plus secret de ma mémoire. Il est revenu tout à trac, presque sans désemparer, de ce Portugal hostile, sans crier gare. Avec tambours et trompettes plein les yeux, assoiffé d'amitié, avide de voir confirmée sa fraternité. Au désarroi succède la triomphante certitude, celle de la fidélité animale. Nous sommes comme des chiens qui retrouvent leur maître après une longue absence. Mais qui est le maître et qui est le chien? De longues marches en perspective, Josette Pratte et moi à ses trousses. Lui quelques mètres en avant, s'arrêtant tous les cent pas pour nous lancer ses redoutables questions : Et ça, bougres d'ignorants, qu'est-ce que c'est? Du bras tendu, il désigne une colonne à l'assaut du ciel. Pour n'avoir pas su répondre qu'il s'agissait d'un peuplier, nous voilà condamnés à lui abandonner la cuisine, ce soir. A ce compte-là, nous ne sommes pas près de savoir.

Merci, Bernard, d'être aussi vulnérable.

Le silence de la neige

Au début de septembre de cette année 1979, Bernard Clavel et Josette Pratte s'installent dans un hameau de Villers-le-Lac, dans le Haut Doubs, le dos tourné au Jura où il a cherché à se réinstaller. « *Le Jura ne veut plus de moi. Des semaines de recherches vaines me l'ont prouvé. Un homme rejeté par sa terre n'est plus rien.* » « *Sa* » terre. A retenir.

Sa nouvelle demeure, massive et têtue comme lui, s'accroche au flanc de la vallée et regarde vers la Suisse, là-bas, en face, de l'autre côté de la grondante rivière. Une fois de plus, les journées comptent dix à douze heures de travail acharné, consacré à remettre en état tout ce qui doit l'être, dans cette ferme d'un autre âge.

Plus question de littérature pour notre ouvrier de la nuit. Le doute, à nouveau, à la limite du découragement. « *Il me tarde qu'il neige, comme si l'épaisseur du silence blanc devait me protéger de tout.* »

Je le sens au plus profond du creux de la vague. Déçu dans certaines de ses amitiés, trahi dans ses affections les plus pures. Meurtri, déchiré. Sa vie a pris un nouveau tournant mais rares sont ceux qui ont accepté de virer avec lui. Il n'en veut à personne, la méchanceté ne figure pas au bilan de ses défauts. Entre-temps, l'un de ses amis fidèles, son frère par la plume et par le cœur, l'a quitté, mangé par le cancer : Gilbert Cesbron. Il l'a vu sur son lit de mort, « *pas plus gros qu'un enfant, lui qui était si beau et si fort* »

24 novembre. « *Depuis deux jours, il fait chaud dans la maison mais, en installant l'isolation du toit, en pleine bise, par moins six, j'ai pris une terrible crève. Le moral n'est toujours pas brillant mais il me semble que le jour où je pourrai me mettre à écrire, ça risque d'aller mieux.* »

Ecrire. L'heure va-t-elle sonner bientôt? Bientôt, oui. Mais dans quel état d'esprit! « *Je sens Josette infiniment triste et j'ai peur que toutes les emmerderies que nous procure cette baraque ne lui donnent la nostalgie de son pays. Il faut dire que moi qui n'ai vécu que trois ans chez elle, je ne fais que penser à cette terre du nord, où la vie est si facile. Il faudra bien, si nous faisons ce livre, que le Québec ait sa place parmi mes* Terres de Mémoire.

Tu sais, rien n'est simple. Notre chemin n'est pas tous les jours baigné de soleil.

C'est dans ce chantier que je vais devoir me mettre sérieusement au travail. J'en ai envie et peur à la fois. Comme toujours. Mais tout de même, avec beaucoup plus d'angoisse que jamais.

L'angoisse. La peur. Des signes qui ne trompent pas. Son œuvre tout entière n'est-elle pas un long, un seul et même cri de souffrance? Qu'il me pardonne : à l'heure où il patauge dans le trouble intérieur le plus complet, je me surprends à penser que la béatitude ne lui siérait pas. Je le pense mais je ne le lui écris pas. La crainte d'une bordée d'injures. Je l'entends déjà : « *Si tu t'imagines que j'aime ça, la souffrance!* »

Non, Bernard, je ne l'imagine pas. J'ai, au contraire, la conviction que tu ferais bon ménage avec le bonheur simple, avec la sérénité. Il faudra essayer, un jour.

29 décembre. « *J'ai écrit, le soir de Noël, un texte qui pourrait être l'introduction à mes* Terres de Mémoire. *Dès qu'il sera tapé, je te l'enverrai.* »

C'est reparti. Le démon de la création a triomphé du reste. Le voilà qui parle d'une exposition de dessins à l'encre d'imprimerie, à Genève, en janvier prochain. La soif de vivre le dévore à nouveau. Pour combien de temps? Il va même jusqu'à rétablir le contact avec les vraies valeurs, les siennes : « *Parce que les hommes sont plus importants que les terres...* »

La Saint-Sylvestre le saisit enfermé dans ses brumes, au milieu de ce grand froid qui lui fait si chaud au cœur. Une chaleur que barbouille l'angoisse, toujours. Ce premier janvier 1980, Josette et lui vont le passer dans l'isolement complet. Autour d'eux, les chutes de neige et les coups de soleil alternent. La nature s'est mise à son diapason. Une idée le talonne, obsédante : « *Tout est d'une surprenante beauté. Reste pourtant en moi la nostalgie du Québec.* »

Le Québec. Le Canada. Les paysages sans frontières. Ce Jura de l'autre bout du monde, plus vaste, plus rude, tout à la fois plus hostile et plus hospitalier. Plus merveilleux parce que présentement plus inaccessible.

Premier janvier « *Je ne sais plus si je t'ai dit que nous sommes invités à nous rendre en Chine, à l'automne. Nous envisageons de prendre le train à l'aller. Au retour, nous voudrions poursuivre vers l'est et gagner l'Amérique pour nous arrêter au Canada...* »

Tandis qu'il rêve de son tour du monde, je m'interroge : et le quatrième volume des *Colonnes du Ciel*? Six mois entiers se sont écoulés depuis qu'à Praia da Luz il a déposé sa plume. Il serait temps.

Il m'a entendu. Un mot bref me parvient, daté du 4 : « *Il continue de neiger. Il y en aura bientôt un mètre. Depuis hier, j'ai repris mon roman écrit au Portugal. Peuchmaurd qui sait à peu près ce qu'il contient lui a trouvé un titre* : Dolorosa. *Moi, je voulais* Marie Misère *mais il existe déjà un livre intitulé* Benoît Misère. *Dis-moi ce que tu penses de* Dolorosa. »

Je le lui dis.

Quelques jours passent sans courrier de là-bas. Josette est remontée à Paris et je le sais seul.

Le 13, une lettre, enfin : « *On ne se sent jamais seul quand on se trouve en compagnie de son passé mais je t'assure, vieux frère, qu'il est des moments où ce compagnon-là est bigrement encombrant.*

Il a fait aujourd'hui une très belle journée de soleil sur la neige mais, seul dans cette maison encore en chantier, je suis, ce soir, en proie à un foutu noir! Tout revient. Quelle nausée!

J'aimerais vraiment que nous puissions nous retrouver plus souvent. Je pense que je tiendrais mieux le coup. Car il y a des jours et surtout des nuits où je me sens d'une extrême vulnérabilité. »

Je dépose sa lettre qui frémit de douleur, là, sur ma table. Une impression de déjà vécu. Je me tourne vers les rayons de ma bibliothèque et je saisis un livre. *L'Ami Pierre.* C'était en 1978, chez Duculot. Je feuillette et je retrouve ce dialogue :

« – *Tout seul, c'est pas trop long, les soirées?*

– *Ma foi!*

Il fait la moue, puis se met à rigoler en reprenant :

– *T'as déjà vu qu'on est tout seul quand on a toute sa vie qui vous colle au cul? Qu'est-ce que tu as donc vécu, toi, jusqu'à présent, pour te sentir seul dans les soirées?* »

J'ai remis *L'Ami Pierre* en place, persuadé qu'il arrive un moment où, pour celui qui fait métier d'écrire, il est à jamais impossible de séparer la réalité de la fiction. Mais quelle fiction? Et quelle réalité?

Terres de Détresse

Le 18. « *Est-ce que tu as souvent une terrible envie de mourir? La certitude que tu n'es absolument pas fait pour la vie? Moi, je suis sans cesse habité par ces idées-là.*

Je ne suis pas heureux.

Depuis que je suis au monde, c'est le premier hiver où la neige ne m'aura pas apporté la joie. Tout m'écrase. La nuit. Le soleil. La solitude. Les autres. La peur. Une incommensurable peur. »

Je le retrouve à Genève, le 24 janvier, au vernissage de son exposition, Galerie du Théâtre. La foule se presse. Des piles de ses livres sont là, qui se dressent sur une table et vont fondre rapidement. De bonne grâce, il se livre au jeu pas toujours exaltant des interviews et des dédicaces. Jamais un mouvement d'humeur. Jusqu'au bout, jusqu'au dernier « client », il sourit, il reste aimable. De loin, je l'observe et il me semble que ses épaules se sont tassées de deux bons centimètres. Parfois, son œil rencontre le mien par-dessus la mêlée et nos regards s'accrochent, le temps d'une respiration. Assez pour tout se dire. Puis, il repart en plongée. Dans trois jours, une nouvelle lettre me parviendra : « *Comment te remercier d'être venu à Genève? Tu ne mesures sans doute pas ce que ça représente pour moi. Pour nous deux. C'est de nouveau le noir.* »

Paris, le 4 février au matin.

« *Ce mot de chez Laffont où j'attends de voir Peuchmaurd qui devrait avoir lu* Marie Bon Pain. *Toujours l'angoisse.* »

Le même, dix heures. « *Je viens de voir Peuchmaurd. Il me dit que c'est bon.* »

Un grand soleil m'envahit. Semblable sans doute à celui qui a dû l'envahir. L'angoisse, ça n'est supportable que quand ça cesse. J'en oublie presque qu'il a trouvé le titre. Le bon. Celui qui fera carrière. Un titre franc, honnête, tout rond, tout plein. Un titre Clavel. Celui-là même que Bisontin-la-Vertu lui a fourni en donnant à Marie un nom de compagnon.

Est-ce la mer étale après la tempête?

Non. La sortie de *Vincendon*, à la télévision, n'est pas faite pour mettre un baume sur ses plaies. « *Il ne restait rien de ce qui était si beau sur grand écran. Autrement dit, un échec total. Rien ne va. Tout se détraque. Il y a des journées qu'il vaudrait mieux ne pas vivre. Est-ce que ce n'est pas qu'à partir d'un certain moment, il vaudrait mieux cesser de vivre? La question me poursuit de plus en plus.* »

J'imagine qu'à partir d'ici, le lecteur de ces Terres de Mémoire s'interroge. Ces contretemps, ces anicroches, pour pénibles qu'ils soient, suffisent-ils à expliquer pareille détresse et faut-il qu'un écrivain habitué au succès se mette à parler de mort dès l'instant que les événements ne s'enchaînent pas avec toute l'harmonie désirée? Evidemment non.

C'est donc que des éléments font défaut. Primordiaux.

En effet. Que ce lecteur attentif se rassure : les réponses aux questions qu'il se pose, il va les découvrir au fil des pages de *Marie Bon Pain*, un roman écrit à chaud. Mais n'anticipons rien. Février vient à peine de réchauffer les toits et le livre est encore à paraître.

Le 11. « *Il fait gris ce matin. L'herbe est blanche de givre. Je relis* Marie Bon Pain. *J'ai écrit le petit texte de présentation, très douloureux à faire.* »

Le texte est joint. Je le lis et le relis sans fin. Jamais Clavel n'est allé aussi loin dans l'introspection. Jamais il ne s'est trouvé aussi près de ses véritables Terres de Mémoire : lui-même. Je relis encore :

« *Un romancier détient-il jamais le pouvoir absolu sur ses personnages? Il faut bien de l'orgueil pour le croire et je l'ai cru longtemps. Mais les forces de la vie se coulent entre les pages pour nous donner des leçons. Le romancier n'est pas davantage maître du destin des êtres qu'il met en scène que l'homme ne l'est de son propre destin. Les mêmes courants mystérieux tracent leurs chemins dans la nuit...* »

Marie Bon Pain est en train de prendre ses véritables dimensions. Jusqu'ici, Clavel a trotté aux côtés des personnages des *Colonnes du Ciel* et de l'action qui les anime. En parallèle. Depuis 1976, année de parution de *La Saison des loups*, il les observe et raconte sans prendre part. Sans doute chacun des protagonistes de cette longue geste jurassienne est-il une part de lui-même, aucun ne l'est tout à fait. Et voilà que les itinéraires se rejoignent. Voilà que les images se superposent.

Conscient de l'événement, Clavel s'exclame : « *Une fois de plus je n'ai rien inventé et j'ai tout inventé... Qui donc se retrouverait sous les traits douloureux de Marie? De quel homme le compagnon est-il le reflet? Que le lecteur tenté par ces questions se contente de savoir qu'un livre est souvent composé de douleur autant que de mots. Le mortier de l'écriture accepte le sel des larmes.* »

C'est vrai que ce petit texte de présentation a dû être « *douloureux à faire* ». Comme si, se regardant dans un miroir, Clavel avait découvert Bisontin-la-Vertu. Comme si, contemplant en pensée l'image de Marie Bon Pain, il avait aperçu celle d'un être proche.

Comme si, repoussant des apparitions trop précises, il n'avait pas réussi à s'en débarrasser. Il faut une conscience d'acier pour accepter cette comparution. Celle de Bernard Clavel est de chair.

« *Il est des moments d'angoisse où je me demande si créer ne conduit pas parfois à déchirer autrui autant qu'on se déchire.* »

Une bonne chose de faite. Une terrible chose de faite. Désormais, Clavel sait qu'il sait.

Samedi 16, au soir : « *Il pleut. Tout est gris et humide. La neige achève de fondre et une grande tristesse se couche sur le pays. J'ai terminé ce matin la relecture et la correction de* Marie Bon Pain. *Je vais l'expédier lundi à Peuchmaurd en lui disant de fixer la date de sortie.* »

Bon à tirer. J'essaie de me substituer à lui, de ressentir ce qu'il ressent, à présent que l'épreuve est définitivement achevée. Tâche impossible et outrecuidante. Au moins n'ai-je aucune peine à me l'imaginer. Je le vois marchant dans la neige, la tête calée dans les épaules, les mains accrochées aux cuisses, à travers la doublure de ses poches, les yeux en vrille, le cœur au galop. Au bout de son regard, l'Inaccessible. Victoire au Mans toujours recommencée, Voyage du Père sans issue, fragile Hercule sur la place. Sublime Seigneur du Fleuve intarissable.

Il marche et ne s'arrêtera de marcher que pour rejoindre les Fruits de l'hiver, quelque part dans le limon jurassien, lui qui, à l'incongrue question de savoir quel champ de repos il préférerait, répond brutalement : je m'en fous!

Le 9 mars. « *Pas encore de couverture pour* Marie Bon Pain. *J'aurais aimé la célèbre Laitière mais il paraît que des yoghourts l'ont déjà utilisée pour leur publicité et qu'elle est foutue! Triste liberté!* »

C'est vrai que *La Laitière* de Vermeer aurait bien convenu. C'est vrai que *Les Cribleuses de blé* de Courbet conviennent mieux.

Les choses finissent toujours par devenir ce qu'elles doivent être.

Les racines en l'air

Mille neuf cent trente-trois. Bernard Clavel a dix ans. Il habite, à Lons-le-Saunier, une petite maison isolée qui dresse sa silhouette irrégulière au milieu d'un potager, à proximité de l'Ecole Normale et de l'annexe où il est élève. De tous les garçons de la ville, il est le seul à faire encore ses devoirs à la lueur d'une lampe à mèche. Qu'un camarade de classe vienne lui rendre visite à l'heure du crépuscule et tous les autres sauront que l'électricité n'a pas encore pénétré chez lui. Sa meilleure protection : la solitude.

En ce temps-là, Bernard et ses parents couchent dans la même pièce. Entre son lit et le leur, un petit pétrin s'éclaire de la tremblante lumière d'une lampe-pigeon, cet objet aux vertus symboliques qui revivra si souvent sous sa plume, plus tard. Au bout de son regard d'enfant que le sommeil tarde à cueillir, une immense armoire dresse sa double porte en ronce de noyer. Le visage du bois lui fait oublier celui de son père qui geint, tousse et crache, à quelques pas de lui.

« *J'ai fait, en suivant des yeux chaque veine de ce vieux bois, des voyages merveilleux. Je rencontrais là des personnages de légende avec qui je pouvais m'entretenir familièrement. Je voyais aussi bien l'océan et ses tempêtes que les forêts immenses où venait flâner le prince dont le cheval blanc a des ailes de cygne.* »

Ces confidences, je les ai empruntées aux premières pages de *Célébration du bois*, paru en 1962. Trente années se sont écoulées entre-temps et ces rêves éveillés n'ont pas quitté sa mémoire. Ils ne la quitteront jamais. Pas plus que ne le quittera ce besoin de se créer des existences symétriques, quittant les chemins de la réalité pour emprunter ceux de l'imagination et ne plus savoir très bien, en fin de compte, où commencent les uns et où finissent les autres. Extraordinaire pouvoir de l'enfance à la recherche de laquelle il rôde sans fin.

« *Je suis un déraciné. Déraciné de ma terre et beaucoup plus encore de mon enfance, je poursuis une errance qui m'a conduit d'une petite ville de province à une ferme perdue de la montagne en passant par de vastes cités, par des vallées profondes, des vignobles dorés, d'immenses métropoles, des plaines infinies et des côtes battues par l'océan. Parcourant le monde à la recherche de chimères et de naïades nées aux sources de mes premières années de rêve, j'ai partout aimé la terre sans jamais parvenir à m'y fixer vraiment.* »

L'homme qui écrit ces lignes a cinquante-sept ans. Il les a rédigées pour accompagner les étonnantes photos de son ami Jean-Marie Curien, ce merveilleux fou des arbres, en un album qui va paraître bientôt. En exergue, ces deux beaux vers de Gilles Vigneault :

Je suis comme un arbre en voyage
Je m'en vais racines en l'air.

« Ma terre, c'est mon enfance »

Villers-le-Lac, 3 avril.

J'ai Bernard là, en face de moi, dans le grand silence ouaté de la montagne, au creux d'une bâtisse qui lui a déjà arraché sang et eau et dont il sait depuis le premier coup de marteau qu'il la quittera un jour prochain. L'instant est religieux. Un homme va tenter d'aller au bout de lui-même. Je vais l'y pousser.

Triple saut périlleux de la conscience, que l'on n'est jamais certain de réussir. Ni mon mérite ni ma responsabilité ne sont bien grands. J'ai appris à deviner ce qu'il y a d'irrésistible en lui. Je l'ai appris pour l'avoir vu souvent aller et venir sous mes yeux, gros ours en cage que le besoin de vider son cœur ronge. Une réflexion, une seule, et c'est le long monologue qu'une brève question relancera au moment voulu. Ce qu'il y a de terrifiant et d'exaltant à la fois chez ce boulanger des âmes, c'est qu'il ne se dérobe jamais à l'interrogatoire dès l'instant que la confiance préside aux propos.

– *J'ai gardé de mon enfance lointaine des souvenirs très précis. Je revois parfaitement la grande salle de l'école maternelle avec son poêle au milieu. Les images qui m'en sont restées sont surtout celles de l'hiver. Je revois l'institutrice, madame Gresser, nous racontant des histoires que j'écoutais d'une oreille distraite. Je préférais les miennes. Je dessinais. Des lapins en cage.*

Je jouais très peu avec des garçons. Mon meilleur copain, c'était Nanette. On jouait à travailler. Je bricolais, je fabriquais... Je voyageais au loin, en imagination. Une façon d'évasion, déjà. Je dois avouer que, durant toute mon enfance, j'ai été un incroyable menteur... Je n'ai jamais pu savoir pourquoi je mentais. Sans doute parce que c'était plus beau que la réalité. Je n'avais rien à cacher. Mais la vérité ça n'est pas très exaltant. Alors, je préférais mentir.

– En somme, en écrivant, tu continues à mentir.

– *C'est certain. Ecrire, c'est mentir. A soi-même d'abord, aux autres ensuite.*

Je l'écoute et le regarde me parler des mensonges de son enfance, de la douleur et de la colère de sa mère qui ne comprenait pas que son fils pût travestir ainsi la vérité et voyait dans cette façon de se comporter une insulte aux règles de l'honnêteté qu'elle avait cru lui inculquer.

– *Peut-être que je mentais par orgueil. Je crois que c'est Elie Faure qui a dit quelque part : le plus grand des artistes n'est qu'un menteur sublime... Mon père croyait que j'étais paresseux. Parce que je rêvais. Ce n'était pas vrai. Je n'ai jamais été fainéant. J'imaginais... J'étais tout. J'étais une vedette... Aujourd'hui encore, mais à un autre niveau. J'utilise toujours mon imagination mais elle se rationalise. Je ne divague plus pour rien... Mais tout compte fait, c'est quand je crois raconter un fait réel que je mens le plus...*

– Finalement, tu n'as jamais rien écrit sur ton enfance.

– *Rien, non. C'est pourtant elle qui me poursuit sans cesse. Ma patrie, ma terre, c'est mon enfance. Je n'ai plus de Terres de Mémoire. Elles sont perdues, irrémédiablement. Je peux retourner dans le Jura quand je veux. Dans mon enfance, jamais.*

Sans doute psychiatres et psychanalystes auraient-ils bien des conclusions à tirer de ces propos mais que pourraient-ils dire de plus que Bernard ne me dit? De plus que ne m'a dit André Richardot, l'instituteur de ses premières années d'école primaire :

– Il y avait deux garçons en lui. Le doux, le tranquille, le gentil, le serviable. Et puis l'autre, le bagarreur, celui que l'injustice mettait hors de lui. Celui-là, il valait mieux ne pas l'irriter. Dans l'ensemble, il passait assez inaperçu. C'était un rêveur. Impossible de capter son attention à la leçon de lecture. Il était ailleurs.

– Avez-vous perçu le futur écrivain en lui?

– Honnêtement, non. Il était très moyen en calcul, assez doué en français, bon en gymnastique, mais je n'aurais jamais pensé... Il était très simple dans sa façon de s'exprimer... Il faut vous dire que je suis un instituteur d'avant 68. Il y a quarante ans, nous étions enfermés dans un carcan pédagogique qui ne nous permettait absolument pas de discerner les individus, leurs qualités profondes. Aujourd'hui, la découverte est facilitée. Enfin, il me semble... C'est embarrassant à avouer, mais Bernard Clavel n'a laissé aucune trace vive dans ma mémoire. On se souvient du « crack », du poison, on se souvient mal d'un garçon qui évite de se montrer. Je pense que si, à l'époque, on m'avait demandé de parier sur son avenir, j'en aurais fait un peintre. Il était bon en dessin. Son cahier de récitations était remarquablement illustré. Celui de ses condisciples aussi. J'ai toujours pensé que Bernard était l'auteur de pas mal de ces dessins...

– Que dessinait-il surtout?

– Des arbres.

Un temps. Nécessaire pour laisser la bouche s'emplir à nouveau de saveurs anciennes.

– Quand avez-vous revu Bernard?

– En 1968. Au lendemain du Prix Goncourt. Il était onze heures moins cinq, je m'en souviens parfaitement. Je me trouvais dans ma classe, au premier étage. On frappe à la porte vitrée, j'aperçois deux silhouettes. C'était Bernard et Hervé Bazin. Ils venaient m'inviter à boire un verre pour fêter ça. Je lui ai dit " vous "...

André Richardot se râcle la gorge. Sa voix a perdu un peu de son assurance.

« Je l'ai revu en 1970. Nous avions projeté, nous les anciens de l'Ecole Normale, d'organiser une assemblée générale. Au programme, il y avait Bernard Clavel, Prix Goncourt 1968. Pensez, quel événement! »

Terres des hommes

Je connais la suite. Bernard franchissant, après 37 ans, le portail de l'Ecole Normale, sans un regard préalable à la maison de ses parents. Tout à l'heure peut-être. Des questions, des souvenirs, des confidences.

« *Je suis un primaire, c'est peut-être pour ça que je me sens à l'aise dans les Ecoles Normales. Mes lectures ? Un grand bouquin, le* Lyonnet, *avec des extraits de* La Gerbe d'or. *J'ai quitté l'école à 14 ans. Depuis, je n'ai jamais remis les pieds dans une classe. J'ai travaillé seul sans jamais perdre le contact avec le milieu dont je suis issu...* »

Une heure entière à faire rêver cette assemblée de normaliens qui savent mieux à présent pourquoi ils ont fait ce qu'ils ont fait, pourquoi ils ont choisi le métier qu'ils ont choisi. Pour qu'un Bernard Clavel puisse venir au monde, parmi eux. Un par quart de siècle. Ce n'est pas si mal.

André Richardot me ramène à la réalité :

« La fenêtre. Il a fini par y aller. Par-dessus le mur de l'Ecole Normale, il a revu la maison. C'était très émouvant... J'ai pris une photo. Je n'ai jamais osé la lui donner. »

Coopération, n° 16, 19 avril 1979. « *Je me souviens des crépuscules d'hiver de mon enfance parce qu'ils sont, précisément, ce qui me reste de plus chaud d'une maison où l'essentiel de la vie se déroulait dans une seule pièce, à cause de l'unique source de chaleur : une grosse cuisinière noire où flambaient des rondins de chêne et de charmille. A l'heure d'entre chien et loup, lorsque la nuit coulait lentement comme une eau trouble envahissant la pièce, le feu devenait insensiblement la plus forte puis la seule lumière qui nous éclairait... Durant des années, je me suis laissé prendre chaque soir par ce spectacle que certains trouveront d'une affligeante banalité et d'une décourageante monotonie; il ne m'a jamais lassé... C'est qu'il s'accompagnait de la musique délicieuse des hommes...* »

Les hommes. Mais quels hommes? Pas les intellectuels en tout cas, Clavel ne les fréquente pas et eux ne l'aiment guère. Il existe entre eux et lui le même fossé que celui qui sépare l'artiste de l'artisan, encore qu'à y regarder de plus près, l'un et l'autre franchissent souvent les fragiles frontières qui cernent ce qu'ils croient être leur territoire gardé. Querelle de vocabulaire. N'empêche : le divorce est là, qui rejette à chaque bout de la créativité le styliste verbeux, d'une part, le travailleur du mot, de l'autre. Reste à déterminer qui côtoie le mieux la vérité littéraire, de l'écrivain qui œuvre les yeux tournés vers l'Institut et de cet autre qui plonge plus volontiers ses racines vers la terre que vers le ciel. Ce qui lui vaut d'être étiqueté romancier populaire sinon populiste, à défaut de vocable plus prolétaire encore.

Clavel sourit. Voici précisément dans son courrier du matin deux exemplaires de *L'Espagnol*, en serbe. Ils s'en vont rejoindre, sur un rayon, les traductions en espagnol de *La Saison des loups*, en russe de *L'Ouvrier de la nuit*, en anglais de *La Maison des autres*. Les grosses têtes sont-elles sûres d'être aussi universelles que lui?

J'ai jeté trois bûches fraîches dans l'âtre qui menaçait de s'éteindre.

– *De quoi on parlait?*

– Des hommes.

– *Ah oui. Les hommes. Il n'y a pas de terres sans hommes. Sans hommes, la terre ne m'intéresse pas. Eux m'intéressent. En fonction de leurs douleurs, de leur générosité. De ce qu'ils peuvent me donner. J'aime recevoir. Je n'ai pas conscience d'être tellement généreux. Je crois même être assez égoïste. Je n'ai pas grand-chose à apporter aux autres...*

Jodoigne (Belgique), 21 décembre 1979

« J'interromps la lecture d'*Ecrit sur la neige* pour le simple fait que de vos écrits jaillissent les mêmes pensées, les mêmes idées, les sentiments qui m'obsèdent en permanence... Dans les pages que je viens de parcourir, je retrouve ma propre révolte; sous votre plume, les mots qui traduisent mes émotions, mes préoccupations. Je me sens petite et impuissante à mener la lutte, votre lutte contre la profanation de l'être humain... Il reste tant à faire et je me sens emportée par la mécanique des jours, du travail sur plusieurs fronts, des obligations. Alors, je ne fais rien. Ou si peu... Les jours m'emportent. Je me sens lâche quelquefois. Une part de moi-même proteste... Je demeure mal à l'aise vis-à-vis de cette angoisse en moi qui me pousse à aider les autres, à mieux les aimer, en conflit perpétuel avec mon égoïsme... Je désespère de l'homme et de moi-même un peu plus chaque jour. Parfois une lumière, un mot, un geste, un livre... Votre livre. J'ai le besoin, à présent, de vous découvrir, de vous rencontrer dans les mots et les phrases que vous laissez derrière vous. Cette lettre se veut un encouragement pour votre œuvre, un remerciement pour ce qu'elle contient... »

(Germaine G.)

Des visages et des noms

– L'amitié, Bernard?

– *Une de mes Terres de Mémoire les plus précieuses. Partout où j'ai vécu, j'ai rencontré des hommes avec qui je me suis lié d'amitié. J'aime les hommes qui savent se dépasser.*

– Des noms?

– *Des tas.*

L'espace d'un instant, son regard s'affole. Instinctivement, il a saisi son carnet d'adresses. Il le feuillette et le referme.

– *Non. Je ne citerai aucun nom. Je risquerais d'en oublier un. Peut-être le meilleur et qui serait blessé. Mais il y a les morts, souvent plus proches que les vivants, et qui ne risquent pas de tout remettre en question pour un mot, pour un comportement qu'ils condamnent aveuglément. Il y a trop de gens qui agissent comme si leur douteuse sainteté leur donnait le droit de blâmer les autres. Il y a trop de « juges » qui pensent détenir la seule loi. Parlons donc des morts. Les vivants qui ont mon amitié et m'honorent de la leur savent à quoi s'en tenir. Toi le tout premier.*

Sur ses lèvres, le sourire grave de l'émotion.

– *Avant tout, il y a eu des gens comme Vincendon, le luthier, puis plus tard, à Vernaison, Joseph Revolat, le maréchal-ferrant. J'ai brossé leur portrait. A travers ce qu'ils m'ont donné, c'est tout ce que je dois aux « hommes de métier » comme disait mon père, que je peux célébrer. Et c'est peut-être le jardin secret de ces gens-là qui constitue le lopin le plus précieux de mes Terres de Mémoire. J'ai dit quelque part que mes Terres étaient avant tout le jardin de mon père; je pourrais y ajouter l'échoppe de cordonnier du père Seguin, celui que j'appelle Minangois, dans une de mes nouvelles.*

– Et les gens connus?

– *Ils sont nombreux. En tête, Louis Lecoin. Notre amitié a duré jusqu'à sa mort, sans une ombre. Un non-croyant d'une pureté exceptionnelle. Un saint laïque, un vrai. Il y a eu des peintres, à commencer par Del Bosco. J'ai toujours de très bons amis peintres, surtout Lyonnais et Jurassiens. Des écrivains aussi. Gabriel Marcel, Henri Perruchot, Joseph Jolinon, Gabriel Chevallier, Jean Guéhenno m'ont apporté beaucoup, même si nous ne nous rencontrions pas souvent. Mais les trois dont j'ai été le plus proche sont Jean Reverzy, Gaston Baissette et Gilbert Cesbron. Sans parler des aînés : Pierre Mac Orlan, Alexandre Arnoux, Roland Dorgelès. Un jour, j'écrirai quelque chose sur tous ces hommes-là. Pas sur leur œuvre, je ne suis pas critique : sur leurs qualités humaines.*

L'Humanité-Dimanche, 1979. « *Nous sommes sortis. La neige craque sous les bottes. Elle chante bien aujourd'hui. Gilles sait que je suis, moi aussi, un homme de l'hiver. C'est vrai mais, depuis les soirées de mon enfance où ma mère me contait mon pays en regardant le crépuscule s'éteindre sur les blancheurs du Jura, je n'ai rencontré personne qui sache parler de l'hiver comme le fait Vigneault.* »

Je romps le charme.

– Ça fait beaucoup d'amis, Bernard.

Il me regarde longuement. Dehors, la neige, brutale, inattendue, s'est remise à tomber, bouchant la vue, défiant avril. Comme pour lui venir en aide. J'ajoute une question à laquelle il ne répond plus. Des visages, des noms défilent sous ses yeux. Terrifiantes Terres de Mémoire dont la mémoire ne sort pas indemne. Un nom, ce peut être une bouffée de joie, ce peut être une douleur atroce, au creux de l'estomac.

Il quitte sa rêverie et reprend, spontanément :

– *J'ai trouvé plus d'amitié auprès des hommes de métier, de la terre, que parmi les intellectuels. Nous ne parlons pas le même langage. Mes maîtres à sentir, à regarder et à vivre étaient cordonnier, ébéniste, luthier, couvreur, charpentier, tourneur, boulanger, jardinier ou mécanicien. Quand ces gens-là parlent entre eux de leur métier, c'est en réalité de la condition humaine qu'ils s'entretiennent. Quand je les écoute, c'est l'homme dans toute sa grandeur, à la fois douloureuse et rayonnante que je découvre.*

Limoges, 26 février 1980

« Je l'aime ce bois, à tous ses stades de vie, depuis le hêtre énorme que je sais dans la vallée, semblant protéger toute la combe sous sa puissante majesté, j'aime la forêt immense, immobile, mystérieuse, inquiétante et rien ne me rend plus méditatif que le cadavre d'un bel arbre abattu, gisant étendu, mort !

J'aime aussi les belles billes de bois, reformées, quand la scie les a mises en planches de toutes les épaisseurs qui conviennent pour fabriquer nos meubles.

Cinquante ans de vie à avoir caressé, scié, raboté, poli les bois odorants – car le cerisier sent parfois très bon et le noyer très mauvais – obtenu tant de beaux meubles qui, plus tard, resteront à leur tour les témoins d'une main et d'une pensée amoureuses.

A présent le réveil sur la tablette de l'atelier est arrêté. Rien sur l'établi. Les ciseaux et les gouges bien alignés dorment au ratelier ainsi que les serre-joints. Aux murs, accrochés par petits paquets, les calibres sont neufs... et usés. Je n'ai pas encore eu le courage de brûler tout ça, tant cela représente de vie...

Excusez l'ennui de cette lettre que, j'espère, vous aurez le courage de lire en entier. C'est en gros, en très gros, un morceau de mon cœur d'artisan amoureux du bois que je vous ai ouvert, sentant que je m'adressais à quelqu'un de la famille... »

(R.C.)

Le geste à la parole

Les gestes de Clavel. Un étonnement pour les yeux. Il aurait pu exercer n'importe quel métier, il y aurait excellé. Mais ne les a-t-il pas exercés tous? Je serais tenté de le croire. Je l'ai vu fignoler une planche, hacher une échalotte, affûter une lame, planter un arbre. Aucune maladresse, jamais; aucune hésitation. Aucun gaspillage d'énergie. Un jeu de main sobre, efficace. Une attitude noble aussi. Le vocabulaire précis. Le mot juste. La joie dans le regard et dans la voix. Le moment du travail est celui de la jubilation. Les plaisanteries fusent. Curieux mélange d'artisan minutieux et de potache en délire. Dolois-Cœur-en-Joie de *Marie Bon Pain :*

« *Marie l'entendait beugler :*

– *Sacré nom d'un bûcheron! Qu'est-ce que c'est que cet agrichon de Petit Jean qui n'est pas foutu d'écouter mes balivernes et mes fariboles, mes sornettes et mes calembredaines sans lever le nez de sa besogne!... Je t'interdis de rire en travaillant, moi!*

– *Mais c'est toi qui l'amuses, jean-foutre! glapissait Bisontin.*

– *Moi, il faut que je déconne. Mais il n'a pas à m'écouter. Il ne doit entendre que les ordres que je lui donne... Qu'est-ce que c'est que ce foutriquet, je lui dis de me passer la sauterelle, il me donne un biveau... Et d'abord, qu'est-ce qu'un biveau vient foutre sur un chantier de charpentier?* »

A regarder Clavel cuisiner, je comprends mieux l'écrivain. Son grain de pommes de terre est une merveille. Mon enthousiasme l'amuse :

– *Qu'est-ce qu'elle t'a appris, la vie?*

Nos journées sont faites de longues randonnées. Dans l'espace pour moi, dans le temps pour lui. Itinéraires vingt fois recommencés, vers le sud, par les méandres du Doubs, en direction de Lons-le-Saunier qu'il gardera toujours à bonne distance. « *Tu iras sans moi.* » Le lac de Saint-Point le fascine. Il en parcourt les rives à grands coups de bottes, au milieu des joncs, la mémoire encombrée. Une image chasse l'autre, toutes issues de son enfance. La maison de l'oncle au bord de l'eau, à Falletans. La barque sur laquelle il se faisait les bras. L'embarcadère au bord duquel il se souvient avoir attrapé une énorme perche-soleil qu'il a gardée longtemps dans l'évier. Brusquement, une constatation : « *Dans mes Terres de Mémoire, les cours d'eau coulent toujours vers le sud.* »

Salins. Point de départ de *La Saison des loups*. Des noms encore : Mathieu Guyon, le charretier d'Aiglepierre. Le Père Boissy, un « *jésuite trop beau parleur. Il fallait se méfier de ses propos tout autant que de son regard qui vous retournait comme de rien.* » Frère jumeau du Père Boyer. L'homme aux yeux de source. La peste. La guerre. Des hommes et des femmes en fuite vers le pays de Vaud pour y refaire leur « *trou* ». La rencontre avec le charpentier Denis Lacroix, Bisontin-la-Vertu pour les compagnons. Celle avec Marie : « *Nous venons de la Vieille-Loye qui est au milieu de la forêt de Chaux.* »

Nous y sommes allés, sur le chemin de Dole. Sur notre itinéraire, l'univers fantastique de Gaubert, ce peintre aux gestes délicats qui ponctue ses paroles de lentes arabesques et dont les doigts continuent de tracer des lignes, à hauteur des yeux, tandis que se poursuivent les conversations. Deux molosses nous ont accueillis, aboyant haut, toutes canines dehors. Un mot de l'homme-aux-yeux-de-mystère et ils se sont effacés. Ont-ils jamais existé?

Chez Clavel, même fascination que celle à laquelle je l'ai vu succomber déjà chez son ami Bichet, alors que ses mains galopaient de lithographie en rouleau à encrer, et que se resserraient les cercles de ses allées et venues, autour de la presse à bras.

Au moins, pas de malentendu : c'est avec ses doigts qu'il regarde d'abord. Le temps de toucher et ses prunelles s'illuminent. J'attends le moment où il ne se maîtrisera plus, où la fureur de peindre lui brûlera le cœur. Il faut dire que les paysages tout en longueur de Bichet sont bien faits pour chanter à la tierce de ses propres émotions. Aucune dissonance. Une constante : même séparés, l'unisson de leurs regards, à tous trois, est comme une cathédrale invisible dont nul, jamais, ne percera le secret. Tout à l'heure, Gaubert nous pilotera dans Dole et je suivrai, du mieux que je pourrai, la route insolite de ces pèlerins de l'Insondable qui songent davantage à s'arrêter qu'à poursuivre leur marche. Comme si, de leur dialogue cent fois recommencé, devait naître la Vérité.

– Lorsque tu croises un peintre, Bernard, tu n'es plus le même.

– *Le même que qui?*

Terre des terres

Que cela lui plaise ou non, on dit Clavel et l'on pense Jura.

Mais encore ?

Que l'on se réfère donc à l'histoire en même temps qu'à la géographie, la première expliquant ce que la seconde suggère. Car le Jura c'est, en majeure partie, la Franche-Comté, cette marche frontière que le Saint Empire Romain Germanique et la royauté française se sont âprement disputée tout au long des siècles après que César lui-même se fut installé en Séquanie. C'était en 58 avant Jésus-Christ, en un temps où Besançon, Dole, Salins, Lons-le-Saunier, Pontarlier se partageaient la prospérité des lieux.

Un millénaire plus tard, la Bourgogne se déchire en deux régions souveraines : le Duché, en pays de Saône, la Comté, en terres jurassiennes. Ce sont celles-ci qui nous intéressent, parsemées de leurs soixante-dix lacs, fendues de gorges abruptes au fond desquelles les eaux varient sans cesse leurs teintes, leur chant, leur rythme, leur dessin. Impétueux ici, leurs cours s'adoucit là-bas. La voix, le regard de Bernard Clavel ne font pas autrement.

Les manuels nous apprennent que l'on trouve trace de l'expression « Franche-Comté » dans un acte officiel, pour la première fois, en 1366. Franche : libre. L'autorité de l'empereur d'Allemagne, suzerain du pays depuis 1032, n'est plus qu'un souvenir. Franc-Comtois : libre Comtois. Qui refuse les attaches. C'est du Clavel, ça.

Vient le mariage qui fait de Philippe le Hardi le nouveau propriétaire de la Comté redevenue bourguignonne. Un mauvais moment à passer pour les féodaux qui baissent l'échine devant la volonté des « grands ducs du Ponant ». Et puis la guerre, encore, et l'occupation par les Français de Louis XI et le retour à l'Empire et l'impitoyable domination espagnole à la Philippe II et la reconquête menée par Richelieu. Le sang, la ruine, la mort. La haine de la guerre, le dégoût de la violence. Du Clavel, encore.

« Comtois, tête de bois », dit-on par ici. Du Clavel toujours. C'est là, sur les terres que sillonnent le Doubs, la Loue et l'Ain avant de devenir Saône et Rhône, qu'il fourrage depuis plus d'un demi-siècle. Ses escales sont multiples, apparemment insolites. Elles l'ont conduit du Bengladesh au Canada en passant par la Sibérie, la Tchécoslovaquie, l'Allemagne, la Suisse et le Portugal. Curieux cheminement d'un écrivain qui se veut sans terres mais s'en revient vérifier, à dates régulières, si elles sont toujours là. Là, entre Morteau et Bellefontaine et de Dole à Morez.

A peine arrivé, des rêves d'évasion le hantent déjà. Peut-être parce que rien ne l'irrite tant que de se savoir « chez lui », lui qui se veut de partout. Et pourtant.

Le Figaro, 18 juillet 1973 : le Jura de Bernard Clavel : une terre sainte qui exige le respect et la foi. *« Durant plus de vingt ans j'ai vécu loin de mon pays. Je l'imaginais alors, j'en rêvais, je vivais avec lui de longues heures d'intimité en écrivant des livres où je m'efforçais de faire vivre sa terre. Il m'est arrivé souvent, dans les moments où la ville pesait autour de moi comme les murs d'une prison, d'être jaloux de mes personnages qui respiraient à l'aise le vent frais des monts Jura. Cette terre de Franche-Comté était alors une palette merveilleuse où le bleu un peu lourd des forêts de sapins se confondait, dans les lointains, avec un ciel de grisailles que déchiraient des crépuscules d'une surprenante luminosité. J'ai rêvé; et puis un jour le rêve s'est réalisé et j'ai repris pied sur ma terre.* »

Il est au pays de Dole, en forêt de Chaux, une rivière au nom de silex : la Clauge. La charmille du sous-bois ombrage ses eaux claires qui bruissent discrètement, d'un coude à l'autre, pour l'éternité. En cherchant bien, l'amateur de Terres de Mémoire y découvrira peut-être l'empreinte des pas de Marcel Aymé. Aux côtés de ceux de Clavel. Je le regarde s'y enfoncer, toujours plus profondément, bondissant de gué en gué, se retenant aux hanches mais évitant soigneusement de les briser. A quoi pense-t-il? A rien, sans doute. Pourquoi veut-on toujours qu'un écrivain pense à quelque chose de précis? N'a-t-il pas droit, lui comme les autres, à ces minutes délicieuses, pleines d'un bien-être sans faille, où il suffit que les choses soient sans leur chercher de raison d'être?

Mais je ne suis pas là pour me satisfaire d'un constat. Il faut que je découvre. Il doit bien y avoir un symbole quelque part autour de moi; les bois n'ont pas le droit de rester muets et de se défaire de ma présence sans m'avoir « révélé » ce que je cherche. Je ne repartirai pas les poches vides.

La voilà, mon allégorie : ces jeunes chênes qui accrochent leurs ramifiantes racines à fleur de rive, comme à regret, comme pour se réserver le droit de s'en détacher, le jour où bon leur semblera, comme pour se défendre de toute attenance, comme pour se convaincre qu'il suffira d'un geste décidé pour se transplanter ailleurs.

Il n'y a jamais que dans les chansons de Brassens que les chênes changent d'habitat.

⁂

Dole. Altération du vieux germain Thor. La porte. Sera-ce, pour moi, l'une des portes de Clavel?

Le fournil de *La Maison des Autres* n'a pas changé. Bernard redevient Julien.

Le sage ne dit-il pas que l'on reste apprenti toute sa vie?

« Ce jour-là, il s'était assis là-bas, devant la porte, sa mère était à côté de lui, M. Petiot en face et Mme Petiot était debout...

– ... Les apprentis sont un peu nos enfants, ils le sont même beaucoup. Ils le sont souvent trop. Quand ils nous quittent, c'est un drame... Pensez donc, en deux ans, on a le temps de les aimer... »

– Tu parles! De beaux salauds! Ils entretenaient en nous la peur du contrat. Nous n'étions pas des apprentis, nous étions des hommes de peine. Bons à tout faire. Le bagne. Debout à 3 heures du matin.

Entre apprentis c'était le coup de force. L'époque des fiers-à-bras. Le chef montait un sac de farine de cent kilos au 3ᵉ étage, à bras-le-corps. « Quand tu sauras en faire autant, me disait-il, tu seras un homme. »

– Tu l'as fait?

– Après un an et demi, j'ai réussi.

L' « homme » me quitte, à la recherche d'autres bouffées d'adolescence. Je reste seul avec l'actuel

« Petiot », beau-fils d'un de ses compagnons d'apprentissage et présentement patron des lieux.

– Evidemment qu'on a tous lu son livre et qu'on a vu le film à la télé.

– Ça vous a paru conforme à la réalité?

Une moue de réflexion.

– C'est très exagéré. Quand on est soi-même patron, on voit les choses autrement. C'est une terrible responsabilité. Les apprentis ne sont pas toujours faciles. Ce ne sont pas des anges...

Je le quitte et j'enfile l'étroite rue d'Enfer. Un coup d'œil au passage, à la fromagerie modèle où, jadis, la mère de Bernard vendait des fleurs. Place Nationale, je change de boulangerie :

– C'est vrai ce que raconte Clavel. Autrefois, les patrons étaient de petits seigneurs arrogants. Mais rassurez-vous. Les mentalités changent et les conditions de travail aussi. Aujourd'hui, les rôles sont renversés. Ce sont les apprentis qui imposent leur loi.

La morale, je l'aurai ce soir, à table. Au menu, une omelette jurassienne, onctueuse. Là-bas, au fond de la vallée, Villers-le-Lac se glisse doucement sous son édredon de nuages. D'un croûton, Bernard éponge le fond de son assiette.

– La sortie du livre m'a valu une lettre d'insultes de la part du président du Syndicat. Le film-télé n'a rien arrangé. C'est vrai que je n'étais pas l'apprenti idéal. J'étais plutôt lent. Lent et rêveur. J'ai fait pas mal de conneries tout au long de ces deux années au cours desquelles on a trop exigé de moi. Ce sont cependant les deux années que je revivrais le plus volontiers. C'était la rupture avec l'enfance. La découverte d'autre chose. La boxe. Les filles. La liberté qu'on prenait. Les fugues nocturnes par les toits de la rue Marcel-Aymé. Mais pour ce qui est des apprentis qui imposent leur

loi aujourd'hui, laisse-moi rigoler. Elles ne sont pas près de changer, les mentalités...

– Pourquoi es-tu devenu apprenti pâtissier?

– *Pour obéir à mon père et par goût personnel.*

– Pourquoi es-tu resté?

– *Pour lui donner tort.*

La neige, toujours. Compacte comme la volonté.

– *Ce qui m'a été utile, ce fut la certitude que j'en sortirais. Cette certitude ne m'a jamais quitté.*

– Le lycée ne t'a pas attiré?

– *Absolument pas. A 14 ans, ma décision était prise. Finie, l'école. Les Beaux-Arts, peut-être. Mais mon père y était farouchement opposé. « Les peintres ne paient jamais leur pain! », affirmait-il. Puvis de Chavannes avait été son client et ils étaient restés en dette d'une miche. Ça a suffi.*

Ecrire ou exploser

Par l'écriture, Bernard Clavel règle tous ses comptes avec lui-même. Tout ce qui lui traîne sur le cœur, tout ce dont il alourdit lui-même sa conscience, les événements douloureux qui sont venus obscurcir sa vie seront passés au crible de son impitoyable et irrépressible besoin d'écrire. Bernard Clavel n'est pas un écrivain de la joie. Parce que la joie ne se consomme que par instants privilégiés, intenses peut-être mais toujours brefs, et qu'elle ne fait que jalonner le cours des ans. Ainsi, très consciemment, il poursuit sa double vie, puisant dans l'une ce qui doit alimenter l'autre, ne provoquant jamais l'événement mais le ressentant profondément, si profondément qu'il arrive un moment où il lui faut s'en débarrasser par l'écriture. Ecrire, pour lui, c'est hurler et hurler, c'est se libérer. Son drame actuel – mais l'admettra-t-il? – c'est de voir le cours des choses se précipiter et s'accumuler les faits, les perceptions, les sensations au point que, dorénavant, dix vies ne lui suffiront plus à se délester de ces Terres de Mémoire chaque jour plus pesantes.

Une véritable joie demeure cependant, inaltérable : celle d'écrire. Celle de vivre une deuxième fois par la plume. Labeur acharné qui l'exalte comme la peinture enflamme le peintre, comme le travail du bois enivre l'ébéniste. Comme eux, il est en proie à la volupté de créer. Comme eux, il répond à un élan incoercible dont le ferment échappe sans doute à toute analyse. De quoi décontenancer les purs d'esprit pour qui écrire est le privilège d'une caste : la leur.

Le Jura Français, avril-juin 1970 : « *Ma conception personnelle du métier d'écrivain étonne souvent les universitaires. Ils accueillent mes propos avec un sourire narquois quand je leur dis que je suis un artisan et que je cherche à faire mon travail de façon à satisfaire mes lecteurs, exactement comme mon père s'appliquait à contenter ceux qui venaient acheter le pain qu'il avait passé sa nuit à pétrir et à cuire. Certains sont même allés jusqu'à prétendre que je parlais ainsi dans le seul but de les faire bondir et pour le plaisir de me placer très loin de leur propre famille.* »

Mon équation ne l'emballe pas. Pour lui, au contact de la matière, le peintre et l'ébéniste se régénèrent. L'écrivain s'autodétruit.

– *Ce dont tu vas couvrir ta page blanche, tu dois le puiser tout au fond de toi. Une mort lente.*

– Alors, pourquoi écrire ?

– *C'est écrire ou exploser. C'est tout ça qu'on livre au public. A lui de se démerder avec. On n'a rien à lui dire, au public. Mes bouquins sont là. C'est bon ou c'est pas bon.*

Il dit cela calmement. Comme tout ce qu'il dit quand nous sommes deux et que personne ne rôde aux alentours. Lui qu'une menue contrariété irrite parfois hors de proportion, lui dont la joie peut rouler comme un tonnerre, il s'amalgame à la paix dès l'instant que la paix prend possession de son univers. Je me sens complice.

Le fleuve envoûtant

– *J'aurais pu être un humoriste. J'ai d'ailleurs commencé par écrire sur le mode comique. J'avais 25 ans et ce roman drôle s'intitulait* « *Les œufs sur le plat* ».

– Qu'est-ce qui a véritablement déclenché chez toi le mécanisme de l'écriture ?

– *Le Rhône.*

« *Dans l'envoûtement que le fleuve exerce sur moi, il y a quelque chose de terrifiant... C'est pour avoir voulu engager avec lui le dialogue que je suis venu de la peinture à l'écriture, espérant que la page vierge et les mots de tous les jours me permettraient de l'aborder plus étroitement que la toile et la couleur. Je lui dois, non pas le désir d'écrire qui couvait en moi depuis l'adolescence, mais le courage d'essayer, la force d'oser et ce trac qui, j'en suis convaincu, permet à certains de se surpasser.* » (Je te cherche, Vieux Rhône.)

– *Je me suis d'abord braqué sur la peinture mais ça s'est révélé insuffisant. Je voulais faire quelque chose de plus, quelque chose qui pouvait m'apporter davantage que les instants de plénitude. Alors j'ai écrit. Mon premier roman s'intitulait* « Il était un pont ».

– Le manuscrit ?

– *Détruit. Je ne ne crois pas au premier bon roman. Je n'avais jamais rien lu, je ne savais pas écrire. Ça ne m'a pas empêché d'en pondre un deuxième. Détruit, lui aussi. C'est l'époque où j'ai appris que Michelle*

Esday, que j'avais connue à Beaune en 43, avait publié un livre. Je me suis adressé à elle. Elle m'a invité à aller la trouver. Je suis monté à Montmartre où j'ai exposé chez Maurice Joyeux, l'anarchiste.

– Qu'est-ce que ça a donné?

– *Rien. J'avais emporté mon deuxième manuscrit. Elle m'a dit « C'est emmerdant. Tu es trop influencé par Giono ». J'en avais entendu parler mais je n'avais pas lu une ligne de lui. Michelle m'a offert* Colline *et j'ai été enthousiasmé. J'ai repris la plume et j'ai écris* Vorgine. *Ma chance, ça a été de rencontrer Hervé Bazin qui a accepté de lire ce qui allait être mon premier vrai roman. Il a été très dur dans sa critique. Je lui en ai toujours été reconnaissant. J'ai présenté le manuscrit à Julliard qui a voulu me rencontrer. Je suis sorti de chez lui désespéré : « Ça ne marchera pas. Il faut faire autre chose! » Autre chose?*

– Et s'il n'y avait pas eu le Rhône?

– *Il n'y aurait pas eu Clavel. C'est lui qui m'a poussé à sortir de moi-même. Il fallait que je l'exprime. D'une façon ou d'une autre.*

Le Rhône. Vernaison. Un avant-goût de Provence. Un univers de pêcheurs, de braconniers, de paysans et de jouteurs, à quelque 20 kilomètres en aval de Lyon. Véritable laboratoire d'inspirations. Clavel y fait le plein de révélations de 1946 à 1957. Un plein qu'un quart de siècle de production n'a pas épuisé.

« *Durant des années, j'ai vécu au bord du Rhône. J'ai fouillé jour après jour ses rives bordées de lônes et j'ai empli ma maison de ces formes que nul cerveau ne saurait concevoir, que nulle main ne pourrait modeler.* » (Célébration du bois, 1962.)

« *Insensiblement, mais sans rémission, le peu de place qui pouvait encore demeurer en moi pour un sentiment élevé était occupé par le fleuve. Il se glissait, se faufilait, s'infiltrait en moi, agrandissant la faille à chaque vague. Ainsi jusqu'à l'envahissement total.»* (L'Ouvrier de la nuit.)

« ... l'eau de ma terre, les berges affouillées de ma rivière marchent au Rhône. Moi aussi. Le Père accueille sans distinction les grands et les petits, les rus et les personnages de conséquence, les scribouilleurs et les prophètes, les graviers, la menuaille et les chênes déracinés par la crue. Me voici donc, au sein de la nuit que remplit la voix incessante, pareille à une symphonie de siècles avec leurs batailles et leurs orages, leurs migrations, leurs agonies et leurs fêtes, leurs tambours et leurs révoltes, leurs cloches et les piétinements de leurs foules, leurs danses, leurs galops et leurs massacres, leurs guerres de religion et leurs pèlerinages, leurs chevaux et leurs machines de mort, leurs victoires et leurs fuites, leurs lamentations et leurs hosannas. J'entends tout cela dans tes eaux... » (Alexandre Arnoux, *Rhône, mon fleuve.*)

Entre Clavel et le Rhône, c'est l'étreinte. Le grand mariage d'amour. Les flots qui coulent dans les yeux de l'un se retrouvent entre les rives de l'autre. Diabolique miroir à deux faces qui fait de l'écrivain le véritable *Seigneur du Fleuve,* patron batelier et bête de chasse. Ivresse de l'autoportrait que l'on brosse à larges coups de pinceau.

« Leur métier, c'était la domination. Savoir être au-dessus des autres. Plus forts physiquement, plus intelligents... Dominer les autres patrons, dominer leur propre équipage et, surtout, savoir dominer le fleuve.

Pour un pareil métier, il faut de la force, mais il faut aussi de l'orgueil. Un immense orgueil. »

– *J'ai écrit* Le Seigneur du Fleuve *dans le Jura. Une fois qu'on porte les Terres en soi, il faut qu'elles enfantent. Pendant longtemps, j'ai eu besoin pour écrire du recul géographique et chronologique. J'ai cru longtemps qu'il me fallait autour de moi tout un bric-à-brac de souvenirs. C'était un peu artificiel. Il ne m'est plus nécessaire d'être entouré d'objets. Je n'ai plus besoin du recul géographique. Je peux parfaitement écrire sur place. »*

L'homme riche n'est-il pas celui qui a toute sa fortune sur soi ?

– De toute façon, c'est foutu le Rhône. Le Rhône n'existe plus.

« La Vorgine est morte. Le ciment a remplacé la terre, la pierre et les arbres. La nature n'a pas encore digéré ces travaux de l'homme et le petit village de Vernaison est méconnaissable. Il a fait partie de cette banlieue qui a cessé d'être un terroir... A présent, je serais incapable de vivre sur cette terre. Mais telle que je l'aie connue et aimée, elle demeure en moi... »

Ces lignes, Bernard, tu les a écrites « vingt ans après », en introduction à la reprise de *Pirates du Rhône,* par Robert Laffont, alors même qu'à Château-Chalon tu concevais *La Saison des loups.* Tu remontais le temps, tu remontais l'espace. Tu allais remonter ainsi jusqu'à Villeneuve-sur-Yonne. Jusqu'au Québec. Tes Terres de Mémoire commençaient à alourdir tes semelles. C'était l'enlisement à brève échéance. Il fallait fuir. Tes Terres de Mémoire. Tes Terres. Ta Mémoire.

Je ne sais pas où je vais

Marie Bon Pain est sorti de presse, dans sa forme achevée. Michel Bataille qui le lit aussitôt définit l'ouvrage de façon saisissante : « C'est un livre particulier dans ton œuvre, car il est triste et pas triste, à la fois. C'est un phénomène de la nature, comme un orage ou une grande marée. Cela arrive. Ce n'est pas mal, ce n'est pas bien. Cela est. Voilà tout. »

Dès les premières pages, le cri a jailli qui va se répercuter d'un chapitre à l'autre, jusqu'à la dernière ligne. Cri d'angoisse et de révolte et cri d'espoir. Livre capital. Davantage que tous les précédents, il est Clavel. Non plus le Clavel de Vernaison, au seuil de la grande aventure littéraire. Non plus le Clavel de *La Grande Patience* qui puise dans son passé de quoi nourrir son présent. Mais le Clavel des dernières années de la décennie 70. L'écrivain quinquagénaire d'aujourd'hui à la recherche de nouvelles Terres de Mémoire. Le Clavel de la rupture. Un Clavel qui n'a pas le choix. Une question de vie ou de mort. Ce sera la vie. Mais quelle lutte en perspective!

Marie Bon Pain, donc, c'est le retour à la terre. Les exilés du pays de Vaud ont regagné la Franche-Comté natale. La petite tribu s'installe dans le bonheur. L'odeur du pain qui cuit rejoint celle du bois que l'on façonne. Pas assez pour faire un roman. Trois pages à peine et c'est déjà la mutinerie.

« *Je ne rentre pas tellement par amour de la terre... Moi je ne suis pas comme vous qui êtes de la Vieille-Loye, du pays des Trois Rivières et de la grande forêt doloise... Moi, le Bisontin, je ne suis plus de nulle part. Mais... mais je suis un homme libre.* »

Le combat avec le démon est poignant. Bisontin a hésité avant de lâcher sa dernière réplique. Il y a dix ans déjà, Clavel essayait d'aller au bout des choses, dans les pages du Jura français.

« ... *les vraies richesses nous viennent tout droit de la terre, des bois, de ces bonnes grosses maisons bien assises sur un sol d'où monte une sève si généreuse qu'elle a fait de moi, comme de bien d'autres, un écrivain qui n'a que faire d'une imagination puisqu'il a des sens...*

Oh! je sais, vous allez me dire : mais alors pourquoi l'avoir quittée? Je pourrais vous répondre qu'il arrive toujours un moment où il faut s'écarter de la corne d'abondance, si l'on veut éviter d'être étouffé sous le flot de richesses qu'elle déverse sur vous, mais ce serait faux. Comme beaucoup, je suis parti à un âge où l'on croit entendre que les vraies richesses sont toujours par-delà cette ligne qui fuit sans cesse devant vous et s'appelle toujours l'horizon... »

En foi de quoi, il s'installe à Château-Chalon, tourne le dos à l'horizon en question, feignant de ne pas s'apercevoir qu'un autre lui fait face.

Dans *Lettre à un képi blanc* (1975) son dilemme s'embrouille :

« *Pour avoir résidé loin de ma terre natale durant des années, je sais à la fois combien il est douloureux d'être arraché à son pays et qu'on ne l'est jamais tout à fait. Tu me diras qu'il est facile d'emporter un peu de sa terre à la semelle de ses chaussures lorsqu'on conserve l'espoir de la retrouver un jour dans sa totalité, mais cet espoir lui-même n'est-il pas une prison ?...*

Tu vois que le Jura d'aujourd'hui ne m'inspire plus la même passion que celui de mon enfance. Les terres sont souvent plus longues à tuer que les hommes, mais leur agonie est liée à la nôtre, car c'est l'humanité tout entière que l'on détruit en empoisonnant ou en abandonnant la terre. Lorsque j'ai retrouvé ma province, une grande joie née de l'émotion du premier contact s'est installée en moi. Elle s'effrite aujourd'hui... »

« Quand il s'est installé à Château-Chalon, m'a confié André Richardot, j'ai pensé naïvement qu'il n'en bougerait plus. Mais c'est un homme qui a besoin d'espace. »

– *J'ai marché toute ma vie. Je ne sais pas où je vais.*

Il marche en me le disant, devant moi, un œil exalté, l'autre triste. J'essaye de démêler ses contradictions mais ça ne va pas sans mal. Comment faire le départ entre l'homme qui se fuit et l'homme qui se cherche ? Entre celui qui ne se trouve guère que des raisons de s'en vouloir et celui qui aimerait correspondre à son propre portrait-robot de l'homme idéal. L'homme juste, bon, généreux, fraternel.

Bisontin a dit : « *Je suis un homme libre* ».

– *Je n'ai eu de liberté relative qu'à partir du moment où mes livres m'ont permis de vivre.*

On joue à cache-cache avec les mots, lui et moi. Je le harcèle.

– *Ça m'est très pénible d'être seul. J'ai besoin de sentir quelqu'un dans la maison. Si je suis seul, j'écris moins longtemps, j'ai envie de sortir. Au Québec, il m'est arrivé d'être très seul, parfois pendant deux ou trois jours.*

Une longue respiration.

– J'ai besoin d'une femme à mes côtés. Il me serait impossible de vivre seul avec un homme. La femme m'est indispensable. J'ai besoin d'elle mais j'ai surtout besoin qu'elle me laisse ma liberté.

« Il est le maître. Il crée. Il travaille beaucoup aussi et sait faire travailler les autres.

De temps en temps, il constate que Marie a fait ceci, ou cela. Il reconnaît :

– C'est bien.

Elle sourit. Elle a envie de répondre :

– Tiens, tu t'aperçois que j'existe ?

Mais elle ne dit rien. Elle sait se satisfaire de ce qu'il lui donne. Elle est son ombre. Une ombre fidèle. »

Ça n'a l'air de rien, une ombre, mais ça finit par vous cacher tout entier à vous-même. Un jour vient où l'on en a assez de vivre à l'ombre. On éprouve comme une grande envie de lumière. On ne se l'avoue pas mais un beau matin le soleil est là, qui éclate et qui éblouit. Entre-temps, une lente macération.

« Il fallait que je parte. Il fallait que je quitte tout. C'était partir ou crever. Tu peux pas comprendre. Je ne suis pas fait pour la certitude quotidienne. Pour moi, les terres, ça ne compte pas. C'est de la littérature. Villeneuve, c'était la prison. Une prison dorée mais une prison. Dès les premiers jours, je savais que je ne resterais pas. J'ai cru d'abord, sincèrement, que je retournerais dans le Jura. J'avais manifestement fait une connerie en quittant Château-Chalon. »

Un répit, pour reprendre haleine.

« C'est évident que j'ai besoin d'une femme. Une

femme qui me relance, qui m'injecte une énergie et un sang neufs. Une femme de caractère, qui me tienne tête et qui m'éperonne. Qui m'inspire et qui me stimule. Qui soit elle-même créatrice. Pas une présence. Une volonté.

Et puis il y a eu le Québec. Ça a été irrésistible, le Québec... »

Point n'est besoin d'aller à Kaboul...

Un texte me revient brusquement à la mémoire, celui qui sert de présentation à *La Femme de guerre* : « Un jour reviendra la paix; ce sera le sujet du quatrième et dernier tome des *Colonnes du Ciel.* » L'inexactitude prophétique de ces lignes de son éditeur ne me surprend guère. C'est vrai qu'un romancier n'a aucun pouvoir sur ses personnages. On décide du retour à la paix, on décide de mettre un terme à une aventure qui dure depuis douze cents pages et voilà que de nouvelles Terres de Mémoire, toutes fraîches, s'en viennent bouleverser ce beau train de résolutions, vous arracher à un univers clos seulement en apparence. La courbe qui devait s'achever rebondit. Il va falloir reprendre la plume pour mettre de l'ordre dans tout ça. En soi-même. Dans le déchirement. Une fois encore. Rappelle-toi, caporal Mac Seale : « *Imaginerais-tu, par hasard, que les personnages de romans sont des marionnettes qui ne se révoltent jamais? Pourquoi voudrais-tu que le romancier soit plus fort que Dieu le Père... ?* »

Il va falloir une heure ou deux pour se reprendre. Pour reprendre son souffle. Le temps d'enrager contre quelque chose, contre quelqu'un. S'agira que le potage soit chaud et les saucisses de Morteau de qualité.

« *Bisontin était un emporté. Une espèce de soupe au*

lait. Il bondissait de la gueule pour des riens et Marie sentait alors son ventre se nouer comme si elle se fût soudain trouvée au bord du précipice. »

A moins que sa rage de vivre, il ne la passe sur les fourneaux eux-mêmes, en « *génie de la gueule* » qu'il est.

« *Allons, ignorante, donne-moi tout ce que tu peux récolter comme épices et herbes sauvages. Le serpolet, la cive, la marjolaine, l'origan, la sauge, le fenouil, le persil, le cerfeuil, des gousses d'ail. Deux gros oignons... Je choisirai. Je ferai mon équilibre...*

Ce qui compte, expliquait-il tandis que de hautes flammes bien claires montaient du foyer, ce qui compte, c'est le sens de la cuisine. Savoir d'instinct que telle chose n'ira pas avec telle autre...

Il avait pris un grand couteau qu'il passa longuement sur la pierre... »

J'ai relu *Marie Bon Pain,* prenant tout mon temps. Deux tiers du livre durant, la distanciation reste possible. A peine quelques lignes, annonciatrices du grand chambardement. Hortense d'Eternoz, la femme de guerre accusée de sorcellerie, garde la vedette. Son procès, son supplice, sont les moments forts du roman qui culmine ici.

Mais voici Dolois, « *l'empoisonneur de quiétude* », celui qui va aider Bisontin à ne pas devenir un « *vrai cul à l'âtre* ».

Le temps de reprendre goût à la vie après avoir coexisté avec la mort, et l'Inéluctable se met en marche.

« *Ecoute-moi bien, Marie. Un homme comme Bisontin, ça ne se tient pas à la longe. S'il a dans l'idée de s'en aller, faut pas l'en empêcher. Ça empoisonnerait sa vie et la tienne en même temps.* »

C'est Pierre qui a dit ça, le frère de Marie Bon Pain. Une ébauche de justification. Il y en aura d'autres. Quinze pages encore et le mécanisme s'enclenche à nouveau. Au tour de Bisontin de prendre la parole :

« *Qu'est-ce que tu veux que je te dise? Que j'ai des envies de route? Que ça m'a toujours travaillé? Que par moment, cette vie me pèse?* »

Ecouen, le 12 février 1980

« Je suis Clairvalienne de naissance et j'ai 48 ans, ce qui signifie qu'à quelques années près j'ai vécu au rythme de vos héros. Je me suis arrachée au Jura à 24 ans pour suivre mon mari. Clairvalien de naissance, Jurassien d'origine mais itinérant nostalgique depuis ses trois ans... Je désirais vous... euh... vous consoler un peu... Vous avez des amours plein le cœur et une ouverture d'esprit qui vous aide à vous enraciner en d'autres lieux...

A nos côtés des silencieux essayent peut-être de vivre dans la connaissance de la matière, le respect de l'outil, de l'objet bien réalisé. Je voulais que vous sachiez que, quelque part, des amis inconnus partagent un peu de votre esprit, vous écoutent, vous entendent et se confortent à la pensée qu'ils ont partout des frères.

Voilà... Point n'est besoin peut-être d'aller à Kaboul... »

(Madame Odette B.)

Mais il faut des causes aux effets. Ainsi le veut la logique des hommes. Bisontin a de bonnes raisons de partir. Lesquelles?

« – ... *je serais même pas foutu de te dire pourquoi.*

– *C'est à cause des sornettes de ce gognand!*

– *Non, Marie... C'est en moi... Là... Profond... Depuis longtemps.* »

C'était en avril 79. Il me semble. C'est qu'avec Clavel, le temps ne court pas comme l'eau du Doubs. On croit le descendre, on le remonte. Un plein sac de confidences à vider.

– Il a bien fallu que je me rende à l'évidence, en fin de compte. Mon envie de fuir ne date ni d'hier ni d'avant-hier. Elle date de toujours. Va-t-en te l'avouer à toi-même! Tu t'es construit tout un univers. Les autres t'y ont aidé. Toute une vie de travail acharné, de sacrifices, d'espoirs réalisés. Tu crois que c'est ça la vérité, que rien ne peut atteindre cette forteresse et tu t'aperçois que c'est pas vrai. Une histoire de plus que je me suis racontée à moi-même, entraînant tout le monde autour de moi dans la ronde. Je suis parti. C'est terrible. Je suis parti. Balayées, mes Terres.

– Tu te sens mieux, au moins...

Un siècle de silence.

– Je suis mal dans ma peau. C'est un état perpétuel. J'ai de grands moments de joie et de bonheur mais je suis toujours mal dans ma peau. Le plus terrible, c'est de savoir que je m'en vais vers des temps où rien ne sera lumineux, où souffleront des orages que j'aurai bien de la peine à traverser.

Le besoin fou

A mesure que tournent les pages du livre, Bernard se secoue. Quelle alchimie intérieure le pousse ainsi à ne pas s'épargner, à ne pas épargner les autres? L'expression Terres de Mémoire me paraît soudain bien dérisoire. Où que j'aille sur ses traces, c'est lui que je retrouve. Il est sa propre terre. Etonnant croissant fertile. Delta lumineux. Fleuve intarissable, toujours en crue, toujours à quitter son lit. Il a beau partir au loin, il se retrouve toujours au bout du voyage.

Gens de là-bas, des Dombes ou du Revermont, de Bresse ou du val de Loue, pardonnez-moi mais Bernard Clavel ne sera plus jamais de chez vous. L'a-t-il seulement jamais été, lui qui n'a rien fait d'autre que s'abreuver aux sources qui jaillissaient sous ses pas? Est-ce être de Dole que d'y faire son apprentissage d'homme? Est-ce être du Rhône que d'y regarder souffrir et lutter d'autres hommes? Est-ce d'être de la forêt de Chaux que d'y faire halte, en route pour autre chose?

Où que je me tourne, je ne vois que des transits, des passages en douane. On n'est pas de quelque part quand on éprouve à ce point le besoin d'être d'ailleurs. On n'a pas de Terres à soi quand on a à ce point la Mémoire prospective. On n'est pas d'un pays quand le besoin fou vous pousse dehors, aussi brutalement.

« – *Il y a des moments où tu peux pas résister au besoin de partir. Tu sauterais n'importe quel obstacle. Tu foutrais par terre des murailles énormes, pour passer. Il y a des jours où tout ce qui t'empêche de t'en aller ressemble à une prison. Moi, j'appelle ça le besoin fou.* »

Cette sortie appartient à Dolois. Bisontin retient encore sa monture. Bientôt, ces mêmes mots passeront dans sa bouche. L'osmose sera complète, générale, engloutissant à la fois personnages, auteur et lecteur. Qui est qui?

Talant, 23 mars 1980

« J'aime à la fois votre façon d'écrire, vos paysages et vos personnages. J'ai aimé Mathieu Guyon de la même façon que je suis tombée amoureuse de Bisontin. Je souhaiterais tant que le destin mette sur ma route un homme confiant en la vie, fort d'optimisme, à l'élan pur et généreux... La force de vivre, je la puise dans vos livres, avec le courage de Guyon et le rire de Bisontin...

Vous êtes croyant, je respecte cette croyance et bien que je ne le sois pas, je me sens bien parmi vos personnages. J'évolue avec eux avec une solitude bienfaisante. Je les vis comme vous les vivez et j'ai beaucoup de mal à les quitter. Je les ressens trop, je me projette trop en eux...

Votre Jura m'enchante et la puissante lumière qui se dégage de vos livres me bouleverse... Votre amour profond et sincère de la nature m'a incitée à prendre la plume pour vous dire combien je me sens proche de vous... Soyez assuré de ma profonde reconnaissance pour avoir su si bien transcrire en des pages lumineuses tout ce qu'un être humain recherche de beauté simple et pure. »

(Gisèle D.)

« *Ils sont partis.*

L'aube était blême... Ils ont tourné le dos au jour. Ils ont pris le chemin de l'ouest comme s'ils partaient à la poursuite de la nuit. »

Pour Marie, le temps de l'attente et des larmes est venu. Le temps du temps que l'on tue et qui vous tue plus sûrement, à petit feu. Le temps des journées qui se vident à mesure que l'on croit les remplir.

Est-ce la fin du roman? Le quatrième cri des *Colonnes du Ciel* est-il sur le point de s'apaiser? Evidemment non. Pour Bisontin, ce n'était qu'une fausse sortie que rien n'a profondément justifiée. Sinon ce besoin fou, levier insuffisant pour une aussi lourde décision.

La grande chirurgie est encore à venir.

Jour après jour, Marie se répète les paroles de son frère Pierre :

« – *Aujourd'hui ou plus tard, s'il avait dans l'idée de partir, il serait parti. Et personne n'y peut rien. On ne retient pas le vent.*

A bout de forces, elle grogne :

– Marie Bon Pain... C'est fini. Je ne suis plus Marie Bon Pain... Je ne serai plus jamais Marie Bon Pain, je le sais. Je deviens Marie Poison... Marie Gentiane... Marie Chicotin... Je deviens Marie Misère!... »

L'absence de Bisontin dure l'espace de 53 pages. « *Un soir que le soleil commençait à descendre* », le voilà qui revient parmi ceux qui, après avoir accepté son départ, acceptent à présent son retour. L'euphorie est de courte durée. A peine a-t-il serré chacun et chacune dans ses bras que, « *d'un seul coup, comme si elle eût été frappée par la foudre* », Marie sait de manière certaine qu'il repartira.

Mais les données ne sont plus les mêmes. Bisontin sait que le « besoin fou » ne suffira plus à couvrir son deuxième appareillage. Marie ne se contentera plus de formules vagues qui font tout juste appel à des élans platoniques.

« – *Tu pars avec une autre, hein?... Avec une*

femme ? Dis-le... Dis-le ! (...) Mon pauvre Bisontin, tu es perdu... Foutu ! Foutu !... (...)

– Je vais partir pour le Nouveau Monde (...) Marie, je te demande pardon... Je peux pas t'expliquer... C'est en moi... Une force. Je n'y peux rien... C'est un démon. »

Terres de promesse

Dolois l'a dit : « *Le Nouveau Monde c'est là-bas, de l'autre côté de cette mer. Par-delà toute cette eau. Un continent invisible, en quelque sorte.* »

Il faut écouter et voir Bernard Clavel parler du Canada pour sentir naître en soi le sentiment d'un Eternel Départ toujours possible. Dans sa bouche, l'expression Nouveau Monde a gardé tout son sens, tout son contenu et toute sa dimension. C'est toujours, en cette fin de XXe siècle, la Terre Promise. Promise à ceux qui croient que le monde et la vie sont toujours à recommencer, toujours à refaire. Parce que, au-delà de ce qui est, il y a toujours quelque chose de mieux, quelque chose à réaliser qui n'a pas encore été réalisé, quelque chose à tenter qui n'a jamais été tenté. Face à l'Europe sclérosée, trop riche d'un passé trop riche, trop vieille d'un passé trop vieux, voici un continent qui porte encore son aube en lui.

Pour Clavel, le Canada c'est à nouveau le vertige de la grande page blanche qu'il va falloir remplir, comme autrefois, au temps où, à Vernaison, il cherchait dans la peinture la Voie Royale qui le révélerait à lui-même. Le Canada, c'est la lutte recommencée, le combat entre l'homme disponible et les grandes forces de la Nature toujours prêtes à l'écraser. Pour Clavel, la vie n'a de vraies dimensions que s'il y a quelque part un triomphe à remporter. Sur les autres, sur soi-même. « *J'aime les hommes qui cherchent à se surpasser... Il faudra que le Québec ait sa place dans mes Terres de Mémoire...* »

Recommencer. Tout Clavel tient dans la magie de ce verbe. Repartir à zéro. Découvrir, construire, vaincre.

N'a-t-il pas démissionné de l'Académie Goncourt? N'est-ce pas une rupture, un départ de plus dont si peu ont saisi le sens profond?

On parlerait volontiers de chimères. Il en parle d'ailleurs lui-même. Comme pour souligner sa lucidité, comme pour prouver qu'il n'est pas dupe. Mais recommencer quoi? Recommencer qui?

Se recommencer soi-même?

Si oui, pourquoi ne pas pousser plus loin le jeu des questions absurdes, quitte à ne pas leur trouver de réponses : Clavel a-t-il jamais existé? Y eut-il jamais un Jura? Ou, plus simplement, le passé n'est-il pas enseveli à jamais, précisément parce qu'il est le passé et que nul, en définitive, n'a encore à en découdre avec lui? Et n'est-ce pas Clavel qui a raison d'accepter cette redoutable réalité que chaque minute est un commencement? Et qui est le plus admirable, de l'homme qui affronte ses fantasmes ou de celui qui fait mine de les ignorer?

Bernard Clavel a deux ans d'avance sur Bisontin. Ce Nouveau Monde vers lequel celui-ci va se diriger, celui-là le connaît déjà. Il le connaît, il l'admire, il l'apprécie. « *La vie y est facile* », m'a-t-il confié un jour.

Facile. Comme si les choses pouvaient être faciles avec toi, Bernard! Comme si tu pouvais accepter qu'elles le fussent! Mais j'ai appris à peser les mots après toi. Et je sais comment tu les abordes. Facile : qui se fait dans l'enthousiasme, qui n'est freiné par aucune mesquinerie, qui vous épuise sans vous déprimer. Facile : où la haine, la méchanceté, la rancœur n'ont pas leur place. Facile, quoi.

Je t'ai retrouvé au creux de tes livres, dans la quiétude de ton bureau et tes yeux ont repris leur couleur de tendresse, ce velours qui leur va si bien, merveilleusement en harmonie avec la musique de ta voix quand elle se fait ronde. Nous avions passé la journée à traquer ton enfance, par les cent courbes du Doubs d'abord, et de Pontarlier au Lac de Saint-Point, encore. Je t'ai mieux perçu ce jour-là, mieux inscrit dans des terres dont tu es, de toute évidence, le vrai propriétaire. Tu m'as dit : « *J'aime surtout, dans la nature, cette ligne imprécise où la terre et les eaux se rejoignent et se confondent.* » Et j'ai pensé que l'Amour ne pouvait avoir de plus belle définition. Et je t'ai vu frissonner d'un bonheur physique au contact de la pluie qui venait ajouter ses nuées grises aux teintes mouvantes qui cernaient Malbuisson. Tu étais comme un grand chien en proie à l'allégresse que procure l'étendue quand elle n'a d'autres frontières que les quatre horizons et que le regard rebondit sans fin, d'une berge à l'autre et de colline en forêt.

Puis nous sommes repartis. Plus loin dans l'espace ou plus haut dans le temps, je ne sais plus. Des noms me reviennent en mémoire : Remoray, Bois des Loges, Forêt des Buclées, Mouthe. La source du Doubs n'était pas loin. Et nous nous sommes retrouvés sur l'itinéraire des réfugiés comtois en route pour le pays de Vaud. Vers l'est, là-bas, j'ai cru deviner la lumière du lac. Et j'ai pensé à l'arrivée de Bisontin, Marie et les autres devant les remparts de Morges.

« Le spectacle n'était venu qu'au moment où le convoi atteignait le dernier dévers sur la vallée de la Morge. Une gifle de bise. Un coup de lumière pareil à

un feu soudain allumé au cœur de la terre. Puis plus rien. Juste de quoi couper le souffle à ceux qui n'avaient rien vu de semblable. »

Je n'avais jamais rien vu de semblable, Bernard. Je ne t'avais jamais vu que dans des lieux où les hommes sont vêtus de gris, celui de la quotidienneté. Là, tout au long de la Combe des Cives et vers le lac des Mortes, tu m'apparaissais tel qu'en toi-même, homme des terres et frère des hommes des terres. Oh, pas le Jurassien! Ne serait-ce que parce que je ne me sens pas capable de le distinguer du Savoyard ou du Vosgien. Mais l'homme de l'Infini, celui des pays qui ne se terminent jamais parce qu'ils n'ont jamais eu de commencement. Etions-nous en terre de France ou à Westmount? Quelle importance. Pour moi, c'était les Laurentides :

« – *Mon pays c'est ça. C'est la montagne, la forêt, les lacs et les petits villages.* »

Nous sommes allés ainsi jusqu'à Bellefontaine avec une longue halte à la scierie. Ce fut une nouvelle révélation. Tout ce que je savais à ton sujet sur ta connivence avec les gens de métier, je l'avais puisé dans tes textes ou appris dans les journaux, la radio, la télévision. Cette fois, j'étais dans le coup.

Je ne te reproche rien, faut-il le dire, mais pendant une grande heure tu m'as oublié. Tu n'avais d'yeux, de cœur et d'oreilles que pour ces hommes couleur d'aubier et leurs gestes habiles. Je t'ai vu faire l'amour avec le bois, l'outil et la machine, ivre de l'odeur capiteuse qui baigne toutes choses en ces temples du travail. Tu restais de longs moments à regarder ces colonnes du ciel devenir matière première, les mains aux hanches, jambes écartées, le regard interminable. Puis tu t'en es allé plus loin t'emplir les yeux et la mémoire de nuages de sciure fraîche. Et toujours ce dialogue entre « eux » et toi, sorte de langage muet auquel je n'ai, je n'aurai, je n'avais pas accès et je me suis senti étranger, seul responsable de mon apatrie, irrité par le vacarme de la chute d'eau qui terminait de couvrir des propos qui ne me parvenaient même plus. De loin, je voyais remuer vos lèvres, seule concession à mon inutile curiosité. J'étais le spectateur maladroit d'un rite remonté tout droit de la nuit des Âges.

Mais je ne me trouvais pas au bout de mes surprises. Le serai-je jamais? Je t'ai suivi sur le haut plateau où la neige s'était faite belle et neuve pour t'accueillir, remettant le printemps à plus tard. Et tu n'as pas hésité à chausser tes skis, poussé par le *besoin fou* et je t'ai vu violer l'espace immaculé à longues enjambées, increvable sous la transpiration. Après quoi, nous sommes rentrés à Villers-le-Lac, moins bavards qu'à l'aller. La nostalgie est décidément toujours ce qu'elle était.

Tandis que les chiens rejoignaient les loups en ce jour finissant, j'ai pensé à ces autres paysages, peut-être plus vrais que nature, dont tu couvres – aux moments où ils te manquent sans doute le plus – d'immenses feuilles de papier. C'est pour les avoir longuement contemplés aux cimaises de cette Galerie du Théâtre à Genève, que je me sens aujourd'hui plus près de t'approcher. Peut-on rêver Terres de Mémoire plus explicites que celles-là, nées à la fois de ton imagination, de ta mémoire et de ton désir? Images tout à la fois floues et précises marquées au fer indélébile de tes obsessions. Un livre ouvert. Un volume de plus à la longue série de ceux qui hantent les librairies. Des lacs, des rivières, des arbres, des maisons, dans un grand mêlement de noir et de gris comme la vie est noire et grise et blanche et profonde et secrète. Paysages de transition, paysages de compromis. Un peu de Jura, un peu de Québec, beaucoup de Clavel. Beaucoup de rêve. Musée de poche à usage privé.

J'aurais à te connaître encore cent ans qu'il me faudrait encore cent ans pour te connaître.

Le chemin de l'humilité

Redis-moi le mal d'être écrivain.

– *J'étais beaucoup plus audacieux autrefois qu'à présent. J'étais sûr d'être Victor Hugo et que j'allais écrire* Les Misérables. *A mesure que j'ai vieilli, j'ai pris le chemin de l'humilité, conscient de ne rien connaître, en définitive. La difficulté, c'est de ne pas attendre trop longtemps, c'est de savoir quand il est temps de foncer. Ne pas perdre sa dynamique, ne pas laisser s'en aller son énergie.*

– C'est important, la forme physique, pour un écrivain?

– *C'est indispensable. J'ai toujours considéré la création, quelle qu'elle soit, comme une épreuve sportive. Quand je termine un premier jet, je me retrouve complètement vidé. Incapable d'encore tracer une seule lettre. C'est bien pourquoi il me faut puiser une part de mon énergie à l'extérieur. La tour d'ivoire, c'est une catastrophe. J'ai besoin de dételer. Les années que j'ai passées au Québec ont été un enrichissement considérable au même titre que ma fréquentation des mariniers, sur le Rhône, autrefois.*

Sa main achève de crayonner un arbre.

– *Si j'avais eu les qualités physiques nécessaires, j'aurais pu devenir boxeur. Après tout, la boxe c'est aussi une façon de s'exprimer. Il se fait que je suis devenu écrivain. Par hasard. Par concours de circons-*

tances. Par besoin, surtout. Je ne dois mon métier ni à la fréquentation d'autres écrivains ni à la lecture.

– On t'a reproché d'écrire simplement.

– *Je te l'ai déjà dit : je suis un primaire.*

– On t'a reproché de trop longues descriptions, d'entrer dans trop de détails.

– *Alors là, tu m'épates. Je suis d'une sévérité féroce avec moi-même. Les longues descriptions m'emmerdent trop chez les autres pour que j'en laisse chez moi. Si je suis encore trop long, il faut me le dire.*

Je lui promets.

« Il existe un style Clavel » m'a affirmé un libraire qui a omis de me dire lequel.

– Il vit ce qu'il dit, a ajouté André Richardot. Quand il parle de son père, je pense à mon père. Quand il décrit sa famille modeste, je retrouve ma famille modeste...

Je laisse parler l'ancien maître d'école et le miracle a lieu. « La cité du sel cache bien ses secrets » m'apprend le *Lons-le-Saunier* de Jacques Prévent et Gilbert Girod. J'en ai un sous les yeux. Cet instituteur, aujourd'hui à la retraite, qui m'a si chaleureusement accueilli chez lui. La gentillesse, l'humilité de cet homme au regard enveloppant me surprennent. Ses gestes sont expressifs, sa voix est sans aspérités. Il me paraît décontracté.

Je le lui dis.

– C'est curieux ce que vous me dites là. Un jour que j'étais très fatigué, je me suis trouvé en présence de Bernard Clavel dont j'ai toujours admiré l'aisance. L'angoisse me tenaillait ce jour-là. Je me suis tourné vers lui et je lui ai dit ce que vous venez de me dire : « Tu as toujours l'air décontracté ». Il m'a regardé en souriant puis il m'a répondu : « Détrompez-vous... En ce moment même, j'ai la frousse ! » En vérité, Bernard Clavel est un homme très simple. Son Prix Goncourt lui a très certainement fait un plaisir énorme mais il ne lui est pas monté à la tête. Il n'a jamais quitté son milieu. Mais il a beau rester simple, c'est un homme qui m'impressionne. C'est surtout un homme courageux.

– Vous l'avez un jour appelé « Maître ».

– Je sais... Je vous dis : il m'impressionne.

– Comment vous appelle-t-il?

– « Mon bon maître ».

J'ai quitté le bon maître André Richardot, le cœur bouleversé, à la fois heureux et consterné de la place que Clavel se creuse en chacun de nous.

Sa dernière remarque me trotte en tête : « Ce qui lui fait ne pas aimer l'armée, c'est que l'armée prépare à la guerre. »

Allons-z-enfants

Lons-le-Saunier, rue du Commerce n° 24. Ici naquit en 1760 Rouget de Lisle, poète-musicien, capitaine de génie malgré lui, auteur du « *Chant de guerre de l'Armée du Rhin* », alias « *La Marseillaise* ». Les Lédoniens, reconnaissants, ont élevé au célèbre aboyeur le monument qui convenait à sa gloire et que signa Bartholdi. Il se dresse là, à l'entrée de la place de la Chevalerie, le regard exalté, le bras droit levé pour l'éternité, la bouche ouverte. Il ne lui manque que la parole, celle qui l'a rendu célèbre : « Aux armes, citoyens! ».

Est-ce pour contrebalancer les hasards de l'histoire que Bernard Clavel vient au monde quelques pâtés de maisons plus loin, en 1923? Pour lui, pas (encore) de statue. En revanche, la parole. Une parole par laquelle il va tenter d'imposer le silence aux armes de l' « *autre* ».

L'avenir nous dira lequel des deux drainera à lui les rangs les plus serrés. Un avenir lointain, sans doute.

« *Gosse, j'étais belliqueux, cocardier. Il faut dire que toute mon enfance a été bercée de récits de guerre que répétaient sans fin mes oncles et les amis de mes oncles.*

Les choses n'ont guère changé par la suite. Le patron de La Maison des autres *était un fasciste convaincu. Il nous parlait de Hitler chaque matin et son monologue se terminait invariablement sur la même injonction : "Allez les gars! Sacs au dos dans la plaine!" Si j'avais eu l'âge, je me serais certainement engagé. Je l'ai fait en 42 avec l'intention de passer en Angleterre, par Port-Vendres. Et puis les Allemands ont envahi la zone libre. Nous avons vu entrer chez nous ces extraordinaires cortèges de vainqueurs. Des vainqueurs rayonnants dans des uniformes impeccables. Ça nous changeait de la débâcle. J'ai souvent pensé que j'aurais pu aussi bien basculer dans un camp que dans l'autre. Les circonstances, mon entourage ont fait que je suis resté de ce côté. Un hasard. »*

« ... Mac Seale, tu sais qu'à la Libération on a fusillé des garçons de mon âge qui avaient fini dans la S.S. ou la L.V.F. Le képi blanc de leur enfance était devenu un casque gris. Et le chemin qu'ils ont suivi me paraît si naturel que j'en suis encore à me demander comment j'ai pu en prendre un autre.

Nazisme, fascisme, communisme, radicalisme n'étaient pour moi que des mots auxquels ma totale inculture politique n'attribuait qu'une valeur tellement vague, qu'il eût suffi d'un rien pour que j'inscrive n'importe lequel d'entre eux sur un fanion pour lequel je serais allé me battre.

C'est ainsi que l'on fabrique les héros et les traîtres. »

Ce terrible mot de bonheur

Villers-le-Lac, soir du 8 avril 1980.

« *Quel vide depuis votre départ! J'éprouve le sentiment qu'on ne s'est rien dit.*

A un certain moment, tu m'as demandé quels étaient mes amis, puis tu m'as dit que tu n'en voyais point qui soient vraiment là de toujours. Ton propos me tourmente et je me demande si, finalement, je n'ai pas trop mauvais caractère pour que mes amis m'aiment longtemps. Avec eux, je suis sans doute trop exigeant. Et je ne dois pas leur donner assez. »

Je ne sais plus très bien ce que je t'ai répondu, Bernard. Je me souviens avoir refermé cette *Lettre à un képi blanc* que je connaîtrai bientôt par cœur et j'ai remis ma palabre sur la guerre à plus tard. Il sera toujours temps de parler des cimetières militaires dont les Terres occupent une bonne part de ta mémoire. Ils ne sont pas près de disparaître.

C'est vrai que tu es exigeant avec tes amis. C'est vrai que tu attends d'eux une fidélité indéfectible. C'est vrai que tu aimes qu'ils soient là au moment où tu as envie qu'ils s'y trouvent. C'est vrai qu'un téléphone muet t'exaspère au point que tu prends la plume pour reprocher son absence à ton interlocuteur fantôme. Tout cela est exact mais n'a pas grand-chose à voir avec ton « *trop mauvais caractère* » lequel n'est certainement pas le plus commode qui se puisse imaginer.

Mais est-ce être « *trop* » exigeant que d'être exigeant? Est-ce ne pas « *leur donner assez* » que de leur donner beaucoup? Est-ce être avare de sentiments que d'en avoir la pudeur?

J'ai pointé récemment dans *Mes métiers* de Pierre Hamp – tu connais? – une phrase dont je savais qu'elle me viendrait à point, un jour : « Ce bourru gardait secrète une exquise tendresse. »

S'il est des amis qui laissent aisément tomber les bras c'est sans doute que rien ne les fatigue tant que de tendre la main. C'est que le découragement les saisit dès l'instant qu'il faut souquer dur pour remonter jusqu'aux sources de la fraternité.

Qui y réussit a droit à ton rire, à cette joie énorme dont tu sais si bien emplir la maison jusque dans ses moindres recoins, à cette « *belle force saine* » qui entraîne tout le monde sur son passage. Sais-tu que quand tu pénètres quelque part il n'y a plus place que pour ton bonheur de vivre? Sais-tu que quand tu te mets à déconner – le mot est de toi – tout le monde déconne en chœur. Parce qu'il y a un temps pour chaque chose et que celui de la rigolade est aussi important que tous les autres. Pour un peu je dirais que tu ris et t'amuses sérieusement. Parce que tu ne prends rien à la légère. Parce que tout ce que tu fais, tu le fais bien, consciencieusement. Pas plus que tu ne bricoles le bois, tu ne bricoles la joie ou la douleur.

A mesure qu'approche le terme de ces Terres de Mémoire, je m'interroge : qu'ai-je révélé qui ne transpire de chacune des pages que tu livres au public? J'aurais bonne mine à me croire plus subtil que tes lecteurs. Il y a longtemps qu'ils ont compris que tous ces personnages qui grouillent sous ta plume, ce sont eux et c'est toi. Quand Marie regarde le soleil décliner, descendre et se colorer, ce sont eux qui voient de petits nuages « *naviguer sur l'immensité, peu à peu chargés d'or fin et de cendres lumineuses* ». Quand elle regarde fumer la forge, ce sont eux qui entendent tinter l'enclume. Quand elle essaie, en vain, de refouler ses larmes, ce sont eux qui pleurent. Et quand elle se dirige vers la maison pour y puiser la force de sourire, ce sont eux qui retrouvent le courage de vivre. Parce que la vie est ainsi faite. La leur. La tienne.

Torcy, le 9 juin 1980

« C'est une espèce de Marie Bon Pain parmi tant d'autres qui vous écrit pour vous dire " merci de savoir ", merci de dire des choses que j'aimerais savoir dire...

Au fait : est-ce un hasard si *Marie Bon Pain* se termine par la même phrase que *L'Ouvrier de la nuit?*

– Je t'ai déjà dit qu'il est des recoins de mon jardin où personne n'a à savoir quelle graine j'ai semée.

« *Villers-le-Lac, 1er mai.*

Avons-nous parlé de la guerre de Neuf ans et des erreurs des historiens? »

Non. Ni de celle de Trente ans, ni de celle de Cent. Pas plus que de celles de religion, de Succession d'Espagne, ni de celle en dentelle, ni de la froide, ni de la grande, ni de la dernière, ni de la prochaine.

Mais ce n'est que chapitre remis.

« *Villers-le-Lac, 16 mai.*

Ce matin, Josette est à Besançon. Comme toujours, je suis incapable d'écrire dans la solitude et l'angoisse. Alors, j'ouvre des chemises où sont de très vieux papiers. Je tombe sur des piles de notes, des romans ébauchés, des nouvelles commencées, des articles jamais publiés. Des paquets vont au feu, d'autres sont épargnés.

Etrange sensation que de retrouver ce passé. Ça vient de Vernaison, de Lyon, d'un autre temps. D'une autre vie. D'un autre homme.

Avons-nous droit vraiment à plusieurs vies?

Reviennent toujours de larges tranches de cafard qui m'enveloppent comme d'un drap trempé et glacé.

Certains jours, la vie m'écrase.

Où es-tu?

Je crois bien que je ne suis plus assez armé pour cette solitude. Cet isolement de tout. Je me demande parfois si je ne suis pas trop près de Lons et de ce Revermont où est mon passé. Je l'entends grogner d'ici dans les nuits comme une bête mal achevée et qui me guette.

Tu vas me dire que tout ça, ce sont des sornettes.

Je ne sais pas.

Je ne sais plus.

Finalement, je ne sais rien vraiment si ce n'est que la vie est une longue douleur. »

J'ai pensé à Jean Rostand. Toujours cette impression de déjà vécu. J'ai fouillé son *Carnet d'un biologiste* page par page, à la recherche de cette phrase : « Ce terrible mot de bonheur qu'on ne peut murmurer sans déchaîner aussitôt le vacarme des regrets et des craintes. » Quelques lignes plus loin : « Plus je vais, moins je sais. »

Les grands alignements

Arras donc. Les champs couverts de morts.

Le premier était un cimetière allemand. Je n'en avais jamais vu et je me suis inquiété, me demandant si j'avais à rougir ou non de cette lacune dans ma culture. La question, désormais, est sans objet puisque je vous ai suivis, André L. et toi, quittant une enfilade de croix pour en entamer une autre.

Un nom m'est venu à l'esprit : Dorgelès. Piètre association d'idées, penseras-tu. Faut voir. Car celles de bois n'ont plus cours et le titre célèbre de ton ami défunt est à tout jamais périmé. Aujourd'hui, on les coule dans le plastique, matière imputrescible et plus durable que le souvenir lui-même. Quand les os seront redevenus cendre et poudre – mais peut-être le sont-ils déjà! –, elles seront toujours là, sentinelles de la mémoire.

Ce qui m'a sidéré, c'est la propreté intégrale qui règne dans les cimetières militaires et je n'ai pu m'empêcher de déplorer que l'on ne prît pas autant de soin des vivants. J'ai fait de mon mieux pour chasser cette image subversive et je me suis rappelé à temps que tout ce que je pourrais penser et dire à ce propos, tu l'avais pensé et dit bien mieux que moi, déjà.

« ... *Mac Seale, est-ce que le cimetière militaire, avec cette beauté noble des grands alignements, n'ap-*

partient pas lui aussi au système? Est-ce qu'il n'est pas l'un des éléments du piège que nous tend tout l'arsenal du folklore militaire? Est-ce qu'il n'y a pas, là aussi, une part de ce romantisme glorieux?...

Ils avaient vingt ans, ils sont venus et ils sont encore là. Des mères, des pères, des frères, des épouses, des enfants ont pleuré ces morts. Aujourd'hui, les parents et les orphelins qui vivent encore viennent peut-être de loin en loin verser une larme sur un rectangle de pelouse où ils n'ont même pas le droit de déposer une fleur. Car l'ordre militaire, le règlement, la discipline s'imposent bien au-delà de la mort. Définitivement mobilisés, ils demeurent soldats. Enrôlés pour l'éternité, de soldats vivants ils sont devenus les soldats morts d'une armée qui n'aime pas à libérer son personnel. Ici, par la force des choses, leur garde-à-vous restera éternellement impeccable... »

J'arrête ici ma référence à ta *Lettre à un képi blanc*. Je cesse car, sur ma lancée, je risque de retranscrire le livre tout entier tant il est vrai que chacune de ses lignes brûlantes a sa place dans cette zone sombre de tes Terres de Mémoire.

Je sais la détresse qui étreint à la vue de ces tombes innombrables qui n'ont droit à d'autres fleurs que celles de la rhétorique, celles des discours commémoratifs bien faits pour alléger les consciences. Tu m'as dit qu'autrefois il t'est arrivé d'y conduire tes fils, alors à peine plus jeunes que ceux enterrés là. Tu m'as dit leur stupéfaction de constater que s'ils avaient été à leur place, ils n'en auraient plus eu que pour deux ou trois ans à vivre.

Je n'ai pas retenu – et j'en suis honteux – le nom de ce jeune poète belge tombé sous les balles en

1918, mais je me souviens des vers qu'il écrivit avant de s'en aller :

Je vais mourir et c'est dimanche
Et c'est avril et j'ai vingt ans.

Dijon, 3 mars 1980

« Votre vie intérieure – du moins ce qui en transparaît dans vos livres au travers desquels j'ai l'impression de mieux vous connaître – m'a bien souvent fait vous identifier avec mon mari : même simplicité, même délicatesse dans l'expression des sentiments, même altruisme, même horreur de la guerre. Il était officier de réserve d'artillerie pendant la dernière et c'est en rentrant de celle-ci, après la lamentable retraite de juin 1940, qu'il est devenu foncièrement antimilitariste et a milité ardemment dans tous les mouvements anti... Profondément chrétien, il était contre la peine de mort... Apolitique, parce qu'aucun parti ne remplissait les conditions qu'il tenait pour essentielles, il était du côté du faible, de l'opprimé, du déshérité, menant de front une vie professionnelle et celle de militant sans cesse sur la brèche. Il s'y faisait bien sûr traiter de tous les noms : illuminé, cryptocommuniste, etc. Mais soutenu par sa foi – vous connaissez la devise des Francs-Comtois – il continuait son combat... »

(Madame C.P.)

Tandis que nous déambulons sous le soleil de mai, d'un cimetière à l'autre, j'essaye de percevoir la pensée de Clavel. Un Clavel en tous points conforme à l'image-symbole que j'ai de lui depuis fort longtemps, celle d'un marathonien de la vie. Pour moi, Clavel à l'arrêt n'existe pas. Encore moins Clavel assis.

Songe-t-il à ces autres cimetières qui, tôt ou tard, viendront s'ajouter à ceux-ci, déjà fort nombreux, déjà fort étendus? A moins que, du bout de son intuition, il aperçoive ces temps d'Apocalypse où tous les cimetières de la terre se rejoindront pour ne plus en faire qu'un seul?

Le Figaro, 14 juin 1980.

« J'ai peur.

J'ai peur et je suis surpris que la peur apparaisse si peu autour de moi. Il m'arrive de me demander si d'autres n'ont pas, eux aussi, la gorge serrée à l'écoute des nouvelles. Celles et ceux que je côtoie seraient-ils inconscients?... Il me semble que, de jour en jour, la folie gagne le monde... De l'est comme de l'ouest, du nord comme du sud nous parviennent des informations qui sentent la poudre, le gaz lacrymogène et le sang... »

Bienheureux ceux dont les Terres de Mémoire s'arrêtent à la lisière de la guerre. Celles dc Clavel s'y enfoncent profondément, sous le signe de la peur, une peur escortée de la peur de beaucoup d'autres.

Roquefort, le 14 juin 1980

« Agé de 80 ans, en ayant vu de toutes les couleurs, et très spécialement pendant les deux dernières guerres, il m'est indifférent de disparaître maintenant, mais je laisse cinq enfants, quinze petits-enfants, et je suis tellement inquiet quand je songe à ce qui les attend peut-être, et comme vous " j'ai peur "... »

(Jean G.)

Arc-en-Barrois, le 23 juin 1980

« Une irrépressible terreur, parfois, hante mes nuits, quand je pense à mes petits-enfants et à tous les innocents du monde, plongés dans la souffrance des guerres. Ne pas craindre la guerre est de l'insouciance, insouciance que ne peuvent avoir ceux qui ont connu, vécu cette abominable monstruosité. »

(Madame L. Fr. S.)

Comment faire pour se désencombrer quelque peu la Mémoire des Terres de Violence et de Détresse qui s'y sont installées? Constatation effrayante, la guerre, en définitive, nous est à ce point familière qu'elle se range, tout comme le fusil qu'on a utilisé pour la faire. L'un et l'autre resteront là, à portée de main, disponibles. Il suffira de les appeler à la rescousse pour les retrouver, bien portants, toujours prêts, braves boys-scouts de nos mauvais instincts.

En attendant de les rencontrer à nouveau dans les siècles ou les semaines à venir, je laisse la parole à Jacques Fortier, à l'entrée du « chemin de la vraie vie », dans les ultimes lignes du *Silence des Armes* :

« Au moment où fleurissent les douze fusils qui lui font face, c'est encore son père que Jacques regarde, son père qui l'aide à mourir en criant : A bas l'armée! »

Le courage d'être heureux

Les contradictions ne manquent pas dans ces Terres de Mémoire. Soit qu'elles marquent la personnalité de Bernard Clavel lui-même, soit qu'elles entachent ma démonstration, soit qu'elles amènent les deux parties de cet ouvrage à se rejeter.

Au total, la question reste entière : faut-il, à l'évocation du Jura, que le nom de Bernard Clavel vienne nécessairement à l'esprit? Clavel en est-il l'incarnation?

Je répondrais volontiers qu'il l'est sans l'être... On n'est pas plus Normand.

Et pourtant.

La difficulté ne vient-elle pas de cette fâcheuse tendance que nous avons tous à vouloir considérer l'homme comme un monolithe? Rien ne nous dérange tant que d'être bousculés dans nos assurances, rien ne nous irrite davantage que de voir ébranlées nos convictions.

Et n'est-ce pas approcher la vérité de très près que d'affirmer que l'auteur de *La Grande Patience* a les pieds dans sa terre natale, son cœur parmi les hommes et la tête partout où les vastes étendues froides dessinent le paysage?

C'est en tout cas la conclusion à laquelle je suis parvenu à l'issue de cette recherche. D'autres fragiles certitudes sont venues conforter ma vision des choses. Des deux – de l'écrivain et du Jura –, qui a trahi l'autre? A force de répéter que Clavel s'est éloigné de ses terres, on a marché à contre-courant, ignorant ou feignant d'ignorer qu'elles se sont en réalité éloignées de lui. Clavel-écrivain-du-Jura. Quel Jura?

« *Car Dole va mourir* » écrit-il « *à Denise* », dans sa Carte postale de l'été qu'il lui adresse par l'intermédiaire du Pèlerin, en 1979.

« *Le vieux port, le miroir des eaux, le contrefossé, le Doubs et son barrage où nous allions courir dans l'écume, l'arche unique du pont roman, la prise d'eau, le canal Charles-Quint, où nous admirions les jouteurs, la baignade, les arbres du cours Saint-Maurice où je rêvais de t'entraîner quand nous atteindrions l'âge des baisers, tout va disparaître. C'est les larmes aux yeux que je t'annonce cette nouvelle... Car rien ne sera plus.* »

Ni fleuve, ni villes, ni villages, ni campagnes...

« ... *je me demande si je n'aurais pas mieux fait de rester loin du Jura, conservant intacte au plus chaud de mon cœur l'immense affection que je lui témoignais.* » (Lettre à un képi blanc.)

Dans le même temps que ses terres ont changé de visage, Clavel a subi l'inéluctable loi de la métamorphose, le présent remodelant sans cesse le passé. Autour de lui, les êtres, aussi, sont allés, sont venus, l'enrichissant ou le déchirant. Car la vie vous propose de ces choix auxquels l'homme honnête choisit de ne pas échapper. Clavel le sait mieux que quiconque : il faut parfois bien du courage pour être heureux.

« *Ce qui est condamnable, c'est de s'obstiner sur une mauvaise route. Je me suis trompé? Je recommence. Je m'efface. Je m'éloigne d'un univers pour lequel je n'étais pas fait.* » (Ecrit sur la neige.)

N'empêche, « *on a toujours plus ou moins la*

nostalgie de quelque chose et les odeurs de jadis nous suivent parfois tout au long de notre vie. » (Célébration du bois.)

Entre l'arbre du passé et l'écorce du présent, Bernard Clavel cherche aujourd'hui le chemin de son futur. Face à des Terres de Mémoire toujours à venir, il mène cet impossible mais admirable combat de l'homme contre lui-même.

Bientôt la plume de Bernard va se remettre à courir sur le papier pour dresser la dernière colonne d'un ciel auquel il croit par intermittence, le temps d'une grande joie. Ce sera sa façon à lui de reprendre son dialogue avec les hommes, avec ses amis, avec ses parents, avec ses proches. Je dirais volontiers de ce nouveau roman qu'il sera très important si je ne craignais pas de me répéter. Mais, après tout, pourquoi pas? Est-il une seule ligne qui soit moins essentielle que les autres dans l'œuvre de Bernard Clavel, une œuvre qui côtoie sans cesse les hommes, qui les accompagne dans leur longue marche vers plus de justice, plus de fraternité, plus de sagesse?

Une ultime question me brûle la plume. Vais-je la lui poser? Inutile :

« *Tu dois comprendre qu'il y a des lieux où je ne peux plus retourner. Des Terres qui me sont absolument interdites pour des raisons sentimentales. Si j'y retournais, je commettrais un crime de lèse-passé, de lèse-souvenir. Certains lopins m'appartiennent en indivis avec d'autres. Seul, je n'en possède pas la clef. Je ne désire pas en parler. Pas même les citer car tu serais tenté de t'y rendre. Je pense que c'est une réserve que ton amitié doit me concéder. C'est pour cette même raison que je ne pouvais pas envisager ce livre avec un autre que toi.* »

Enracinements

Faut-il condamner un homme pour les contradictions qui ponctuent ses écrits sinon sa pensée? Si oui, il y a beau temps que notre planète Terre ne serait qu'une immense colline aux pendus avec, parmi eux, Bernard Clavel.

Ecrivain « jurassien » pour être né à Lons, « lyonnais » pour avoir vécu au carrefour du Rhône et de la Saône, « populiste » pour avoir obtenu le Prix du même nom, « régionaliste » pour s'être complu entre Vosges et Savoie, il aspire au moment où il sera écrivain sans épithète.

Dans le même temps, il se dit homme du nord, homme de l'hiver, homme du froid. N'est-ce pas fuir une prison sentimentale pour une autre, un carcan pour un autre carcan? Et peut-il affirmer que le moment ne viendra jamais où les steppes et les toundras cèderont la place aux tropiques? Sa soif de découvrir le septentrion sera-t-elle toujours plus forte que sa soif de découvrir tout court?

« *Je ne jure de rien. Une chose est sûre : cette soif de nouveau qui me visite régulièrement ne fera jamais de moi un touriste. Les vacances me pèsent. Quant aux tropiques, s'ils sont habités au moins durant quelques mois par un hiver véritable, il se pourrait que je me surprenne un jour à les aimer.* »

En attendant ces temps, malgré tout très improbables, voici venu celui du bilan géographique de

Bernard Clavel, complément indispensable aux pages qui précèdent, alimentées seulement du contenu de quelques livres significatifs. Une chance de plus à l'actif de celui qui prétend démontrer.

Les quatre volumes de *La Grande Patience* ont désormais leur place dans l'histoire de la littérature cyclique, ce « genre » bien particulier qui exige de l'écrivain qu'il soit d'abord dévoré par son métier, qu'il ait ensuite le souffle nécessaire qui lui permettra d'aller jusqu'au bout de son entreprise sans jamais perdre haleine, sans jamais perdre le contact avec son lecteur. Autre condition draconienne de la réussite, le cycle doit pouvoir se prendre en marche, chaque volume doit pouvoir se suffire à lui-même. Art particulièrement éprouvant dans lequel Clavel est passé maître. Il y faut une santé physique et morale exceptionnelle, d'autant que l'écrivain s'est placé lui-même au centre de l'action.

Car *La Grande Patience* est autobiographique : Julien Dubois et Bernard Clavel ne font qu'un. Ce garçon de 14 ans qui s'en va s'initier aux secrets de la pâtisserie dans *La Maison des autres*, à Dole, ce « *petit* » qui dépose son « *clou* » contre le trottoir de la rue de Besançon, un matin d'octobre 1937, ce « *beau Jurassien costaud* » à qui Ernest Petiot annonce d'emblée : « *C'est là, entre et débrouille-toi* », c'est Clavel lui-même. Dès les premières pages, le mot est lâché : Jurassien. Le ton est donné. Un ton qu'il va falloir combattre, dans vingt ans.

Pour Julien Dubois, apprenti pâtissier, l'univers se circonscrit presque tout entier à la vieille cité, de la Grand-Rue à la place aux Fleurs, de la rue du Collège à celle de la Monnaie, du faubourg de Gray à celui des Rattelotes. De loin en loin, une course le conduit du côté du port, là où serpentent « *de longues traînées de brume* », tout au long du canal

Charles-Quint. Le spectacle des mariniers au travail, sous la grue, s'imprime lentement en lui. Autour de lui, on s'extasie sur son « *joli coup de main pour fendre le bois* ». L'école est rude. Pour échapper au bagne des soixante-dix heures par semaine, un merveilleux dérivatif : la boxe, pratiquée en cachette. Mieux que le pâtissier, c'est l'homme qui se construit. Escapades, fièvres, bagarres, révoltes. Premiers émois aussi. Les « je t'aime » qu'on lance sans y penser, les filles que l'on suit à la trace, celles qu'on lutine et qu'on embrasse entre deux portes. Sans cesse, le chaud du laboratoire et le froid des rues enneigées. Les mokas qu'on abîme, les punaises qu'on écrase, les basses besognes toujours recommencées. Clavel en devenir.

La vraie liberté le ramène au Pont de Falletans, chez l'oncle Pierre et la tante Eugénie, par le canal du Rhône au Rhin. Haltes brèves et rarissimes. Pas même de quoi traquer le brochet du côté de Rochefort.

Au retour, la haine des patrons, les engueulades, les coups. Autant de leçons de savoir-vivre pas même tempérées par un fugitif voyage à Lons, à la Maison des Siens. « *Pour Julien, le départ de Lons fut un soulagement. Il avait bien retrouvé sa maison, son jardin, ses parents, mais quelque chose semblait avoir disparu. Tout paraissait un peu vide, presque inaccessible.* »

Au fil des pages, les étourderies d'adolescent vont bon train. Au terme, la grande « *connerie* », celle des hommes : la guerre. Sans cesse grandissante, son ombre grignote inexorablement les réalités quotidiennes. Pour Clavel, d'importantes Terres de Mémoire s'enracinent en lui, sans cesse remuées par les lâches enthousiasmes de son maître d'apprentissage.

Quand le livre s'achève, le canon tonne en Pologne. Nous sommes en 1939. L'oncle Pierre est décédé. Pour Julien, la patrie se nomme toujours Jura. Il « *aspire une large bouffée d'air frais puis, enfourchant son vélo, il se laisse glisser par la rampe du Cours, vers le canal qui scintille au soleil* ».

La dédicace de *Celui qui voulait voir la mer* est éloquente : à Armand Lanoux, « *qui pleurait en me parlant de sa mère* ».

L'action est revenue à Lons, au pied de l'Ecole Normale, dans la petite maison de la rue des Ecoles. D'emblée, le « *père* » et la « *mère* » dialoguent sur ce ton de l'agressivité, cette tendresse des gens simples. *Les Fruits de l'Hiver* entament leur lent mûrissement.

Le petit Julien est devenu « *mon grand* ». Il va avoir dix-sept ans au prochain printemps. Merveilleuse chair pour ces canons défenseurs du « *droit des gens* », là-bas, quelque part à l'est.

Incidemment, la mère découvre les premiers poèmes de son fils, mêlés à d'autres d'un certain Baudelaire. Un écrivain est en train de s'ébrouer, sous ses mains. Elle n'en saura jamais rien. Quand le premier texte de Julien-Bernard paraîtra, elle et son mari auront quitté ce monde, depuis longtemps. L'amertume des regrets pousse plus sûrement que le chêne au bord des eaux.

L'exode bouleverse tout. Terrible face à face de ces deux êtres que chaque journée confronte avec eux-mêmes dans l'attente du retour d'un fils qu'ils ne comprennent guère et qui ne cherche pas davantage à les comprendre. Amour maternel et amour filial se rejoindront plus tard – trop tard – dans les pages que le futur Prix Goncourt leur consacrera longuement.

Pour l'instant, les tiraillements se multiplient

entre père et fils. Au centre, la mère-tampon amortissant les coups de gueule, du mieux qu'elle peut. Les mots ont des saveurs de nausée. Ils se prononcent débâcle et peur. La vie se confond avec l'habitude de vivre. « *Les Dubois ne parlaient presque plus. Ils étaient comme des plantes parmi les autres plantes du jardin; comme des meubles parmi les autres meubles.* » L'attente, toujours, de celui qui est « *allé se promener au bord de la mer au lieu de rentrer directement* ».

Ce deuxième volume de *La Grande Patience*, c'est le roman de l'échec. Echec des êtres qui n'arrivent pas à partir à la rencontre les uns des autres, qui coexistent. Côte à côte. Le propre des parallèles n'est-il pas de ne se rejoindre jamais? A l'heure des comptes à rendre, Clavel puisera douloureusement dans ces temps engloutis. Son père, sa mère, il les ressuscitera. En vain pour lui. Utilement pour les autres. On a parfois parlé de remords. Le mot est excessif. Comme est excessif celui de résurrection.

Au *Cœur des vivants* devait correspondre le temps de l'Amour. Il sera celui de la Mort. On dirait volontiers que celle-ci occupe une place importante dans l'œuvre de Clavel mais ce serait dérision. La mort n'est pas plus présente dans les destins romancés que dans les destins tout court. Simplement, Clavel ne la perd pas de vue.

La mort, c'est celle de Francis Carento, co-déserteur de l'Armée de l'Armistice. L'amour, c'est celui de Sylvie, pour Sylvie. Un amour qu'entretiennent les textes des chansons de Charles Trenet. Il faut au moins qu'ils servent à cela, les poètes. Verlaine. Rimbaud. Baudelaire. Nerval. Entre l'Amour et la Mort, l'Amitié née de la rencontre avec le soldat Riter, un pur esprit, archétype de ce que Clavel fuira toute sa vie : les intellectuels.

Avec le volume trois de *La Grande Patience*, Julien retrouve sa place, la première. Oubliés, les parents. L'Amour rend égoïste, c'est bien connu. Il retrouve Lons, cependant, dans des odeurs de peinture à l'huile. L'envie de dresser son chevalet et de saisir la palette le démange. Lui qui, jusque-là, avait peint par jeu, il peint par besoin. Un besoin qui ne le quittera jamais vraiment. On ne tourne pas le dos à ce que l'on porte en soi. On essaie, tout au plus, de l'étouffer.

Les Fruits de l'hiver restera comme un classique de la Tragédie ramenée à ses véritables dimensions. Car il y a plus de grandeur dans le drame quotidien de ces deux vieux, inquiets de leurs fagots, économes de leurs dernières forces, avares de leurs sentiments, que dans les « plus belles pages » de la tonitruante littérature théâtrale. Les gestes de la mère sortant deux verres et le pot à eau de la souillarde, ceux du père qui ouvre les volets au petit matin valent bien des emphases de la légende cornélienne. Quoi de plus éloquent que leurs silences? La profondeur d'une angoisse ne se mesure pas à la somptuosité des lieux où elle surgit. Crève pour les uns, trépas pour les autres, la Mort est la même pour tous.

Dans le même temps que la vie quotidienne égrène son chapelet de banalités, la guerre continuera de « *tout salir* ». Julien a quitté l'Armée de l'Armistice au moment où l'envahisseur allemand menaçait d'y mettre la main. A Lons, son demi-frère vit dans le confort grâce à ses bonnes relations avec l'occupant. Vue par en haut ou par en-dessous, la désertion n'a pas le même visage. La loyauté non plus. A cheval sur la mouvante frontière qui sépare les Vérités de chacun, Clavel laboure la conscience de ses personnages, déchirant du même coup celle de ses lecteurs. Seule certitude, l'inébranlable volonté du père de vivre en paix. Le béton de l'égoïsme est inaltérable.

Le retour de Julien n'est pas une fête pour tout le monde. Il sera de courte durée, heureusement. Julien n'est pas de ces hommes qui se fixent longtemps quelque part. Il est de ceux qui, absents ou présents, engendrent des problèmes. Partis ou revenus, ils jettent la pagaille. Julien, donc, s'en ira à Lyon, à l'aube.

« *Le regard du père quitta la grille du foyer pour chercher vers la fenêtre le premier signe de ce jour qui ne se décidait pas à paraître. Désormais, il savait que la mère et lui demeureraient ainsi, côte à côte, mais plus éloignés l'un de l'autre qu'ils ne l'avaient jamais été. Ils allaient vivre dans l'attente, mais que pouvaient-ils encore attendre de bon de cette interminable nuit ouverte devant eux? Ce ciel de suie écrasant l'aube sans chaleur n'annonçait pas de vraie lumière.*

C'était l'hiver.

C'était le silence. »

A l'exception du long voyage des vieux au-delà du village de Pannessières, à la recherche du bois, l'action tout entière des *Fruits de l'hiver* ne se déplace guère au-delà des quatre murs de la petite maison des parents Dubois-Clavel, à Lons-le-Saunier. Il fallait que chaque ligne fût intense pour maintenir cet univers clos. Clavel y a réussi ses meilleures pages, celles qui lui vaudront le Goncourt, en 1968. A les relire dix fois, on revit dix fois la mort du père Dubois :

« *Le père voudrait crier. Il lui semble que sa force renaît soudain. Il se soulève de quelques centimètres, sa poitrine se gonfle, mais le cri qui passe sa gorge n'est plus qu'un râle.*

Un long soupir monte encore du fond de sa poitrine. Un soupir semblable à ceux qu'il laissait aller chaque soir, lorsqu'il avait accompli le dernier geste d'une interminable journée de peine. »

A l'instant ultime, quelqu'un s'est penché vers lui et lui a soufflé à l'oreille : « *Papa... papa... Je te demande pardon.* » Julien. Bernard. Un peu comme si les 400 pages qui ont précédé n'avaient servi qu'à cela.

Les quatre volumes de *La Grande Patience* ne sont pas nés d'une seule venue. Commencée en 1962, la « série » s'arrête un moment, deux ans plus tard, avec *Le Cœur des vivants.* Elle reprendra et s'achèvera en 1968 : *Les Fruits de l'hiver* ont mis du temps à s'épanouir.

Quand il participe au tournage de *L'Espagnol,* à Château-Chalon, en 1967, Clavel ne sait pas encore qu'il viendra s'installer au même endroit, trois ans plus tard. Il ignore aussi que le Prix Goncourt l'attend à douze mois de là. Pour l'instant, sa gloire est pleinement montante, soulignée par l'habile réalisation de Jean Prat.

Pour la première fois, avec *L'Espagnol,* Clavel brise les limites de la littérature paysanne à l'intérieur desquelles d'aucuns voudraient l'enchaîner. Car *L'Espagnol* est une somme : celle de toutes les obsessions de l'écrivain. Le métier y a sa place, bien en évidence, entretenu par le jargon du travailleur, une langue que Clavel triture avec une évidente jouissance. La terre y est omniprésente, source de joie et de douleur, une terre à propos de laquelle Pablo, ancien républicain réfugié, s'interroge. Une terre qui lui fait cracher le sang, comme cette autre terre de par-delà les Pyrénées naguère. Une terre qui le rejettera. Comme toutes les terres, un jour, rejettent tous les vivants. D'Espagne ou de Revermont, elles portent en elles le Bien et le Mal. Bien fou qui prétend y découvrir l'Eternité.

Pour Clavel, *L'Espagnol* c'est la certitude que, désormais, toutes les terres de toutes les mémoires lui appartiennent. En exergue, Gœthe résume ses intentions : « *Le sens de mes écrits comme de ma vie, c'est le triomphe de ce qui est humain.* » Une mise au point à ne jamais négliger.

L'auteur du *Seigneur du Fleuve* est un écrivain mieux enraciné dans ses propres convictions. Académicien Goncourt depuis le 2 mars 1971, il replonge tout entier dans le décor de son premier roman, *Vorgine,* et cède la place au fleuve à la une de son œuvre nouvelle. Plus question d'autobiographie. En revanche, de l'autoportrait. Cette rage de vaincre qui anime Philibert Merlin, le batelier en révolte, où Clavel l'aurait-il puisée sinon en lui? Invente-t-on semblable détermination, pareille opiniâtreté si on ne l'a pas fréquentée en permanence? Reste ce thème de la cause désespérée, de cette foi dans l'Impossible. Il est propre à tous ceux qui ont pris pour habitude de saisir la vie à bras-le-corps et de nager à contre-courant. Ceux-là choisissent de s'acharner contre le cours inexorable des choses, seule manière de s'admettre eux-mêmes.

On n'est pas plus immensément orgueilleux. On n'est pas plus terriblement puni; il n'y a pas deux façons pour Philibert de quitter la lutte :

« *Déjà le Rhône l'empoigne, le retourne comme un enfant et lui brise la tête contre le pilier de ce pont où viennent de se fracasser, sans l'ébranler, toutes les belles barques de sa rigue.* »

Avec *Qui m'emporte* et *Le Voyage du père,* Clavel entreprend la double démonstration de l'inanité de la vie citadine. Ici, un paysan se perd en ville, à la recherche de sa fille, là, une prostituée doit à la terre de se refaire une meilleure conscience. Ici, Quantin découvre Lyon, là, Simone coupe ses attaches avec la cité du Rhône. Dans *Qui m'emporte*, l'action commence à Lyon pour se transporter dans les collines du Massif central, au-dessus du petit village de Loire où fume aujourd'hui une énorme centrale thermique. *Le Voyage du père* ramène Clavel à Lyon pour le conduire ensuite vers un petit village du Bas Jura.

Sept années séparent ces deux romans écrits respectivement en 1958 et 1965. Sept années au cours desquelles les trois premiers volumes de *La Grande Patience* ont fait le bonheur des libraires et des lecteurs, toujours plus nombreux.

Les Colonnes du Ciel font irrésistiblement penser à Jacques Callot, leur récit étant d'ailleurs contemporain du célèbre graveur. Mêmes misères, mêmes horreurs de la guerre. Même précision dans leur expression, même sensibilité de l'un et l'autre peintre. Même rigueur, aussi, dans le détail.

Le cycle commence par *La Saison des loups*, au cœur de l'hiver 1639, à l'heure où la Guerre de Dix ans oppose Comtois et Français conquérants. La peste sévit qui ravage le pays, tout autour de Salins. Et la peste, c'est la Mort. Et la mort, c'est l'effroi des hommes devant l'Inconnu. C'est le Diable et le Bon Dieu. Des âmes prient. Beaucoup. Peut-être parce que Clavel lui-même a les yeux tournés vers Autre Chose. Aux côtés de Mathieu Guyon, le charretier d'Aiglepierre chargé d'enterrer les victimes du terrible mal, voici le père Boissy, un Jésuite qui dévêt les autres du regard. Le livre est dédié à Robert Boyer, Jésuite, lui aussi, ami d'aujourd'hui.

Le roman tout entier baigne dans le malaise.

Rien, jamais, n'est vraiment lumineux dans cette histoire intemporelle, gonflée d'angoisses intemporelles, traversée de péchés et de sorcellerie. On ne quitte le pillage, le viol et le massacre que pour courir à la rencontre de la potence et de l'échafaud, sur un itinéraire jalonné de cadavres. La corde et la croix. Soufre et crucifix.

Le désarroi total.

Avec le deuxième volume, la lente marche vers le pays de Vaud et *La Lumière du lac* commence. Dans le dos, la peste et la guerre, en face, là-bas, par-delà les combes, une mince espérance de survie. Ces terres que découvrent Bisontin, Pierre, Marie et les autres, Clavel les découvre aussi. Cette haute vallée du Doubs dans laquelle la cohorte s'élance, où le temps hésite entre la neige et le froid, ce n'est plus son pays. La Savoie n'est pas loin, avec ses brumes de lumière jaune paille. Au bout de la peur de tous, sous les remparts de Morges, une seule joie véritable : celle que procurent les gestes simples du travail. Dans l'intervalle, la soldatesque. Stupide, obtuse, méchante.

A mi-parcours du livre, le fou merveilleux surgit : Alexandre Blondel, médecin à Lons-le-Saunier. « *Je soigne tout ce qui souffre* » dit-il. Pas besoin de chercher son modèle bien loin : il se nomme Kaiser et sauve les enfants du massacre, à la tête de Terre des Hommes, à Lausanne. Résurrection-Massongeix. Massongeix-Résurrection. Les siècles ne changent rien ni à la bêtise ni à la bonté des hommes. « *Je veux faire œuvre de vie en un siècle où la plupart des hommes ne pensent qu'à donner la mort. Je suis fou...* » Qui parle? A quelle époque? Qu'importe!

Hortense joint sa folie à la sienne et se laisse

prendre au verbe de Blondel. Après tout, pourquoi pas? Clavel ne s'est-il pas laissé prendre à celui du père Boyer? Avant de partir, sur les traces du médecin, elle a dit à Bisontin : « *Meurs sur ta terre natale, mais ne la quitte point.* » Des mots...

« *C'est à Morges, à l'occasion des Fêtes du Rhône, en 1957, que j'ai obtenu mon premier prix littéraire,* précise Clavel. *Depuis, j'ai noué avec le pays de Vaud de solides affections. Bien que je ne sois pas né sur cette terre, je m'y sens chez moi. Cette rive du Léman et son arrière-pays font partie de ma géographie sentimentale.* »

Où qu'il aille, Clavel marque les Terres de sa Mémoire.

« *C'était vraiment une nuit d'eau et de vent.* » Ainsi débute le troisième volume des *Colonnes.* Tout au long du livre, la colère du monde va s'abattre sur Hortense et Barberat, sur *La Femme de guerre* et le contrebandier repartis dans les ténèbres, à la recherche de Blondel que l'on dit mort, « *cloué contre un arbre avec une lance* ». « *Blondel crucifié et tout auréolé. Blondel irradiant...* » Quelle ivresse, pour un écrivain en quête d'une foi solide, de recommencer le supplice de la croix.

Clavel rédige *La Femme de guerre* au cours de l'été 1977, à Bellefontaine. D'où il se trouve, il surveille tout le pays qui sert de décor à l'action : à l'est, la combe des Amburnex, en terre suisse, par-delà le val d'Orbe, le mont Risoux et sa forêt; au nord Champagnole et Nozeroy que sépare la forêt de la Fresse; à l'ouest, au pied même de Lons-le-Saunier, le bois de Perrigny, Montaigu et le creux de Revigny avec sa falaise percée de grottes dissimulées dans la broussaille. Tandis que les mercenaires à la solde des Français battaient la région, les habitants du lieu s'y réfugiaient, y célébrant baptêmes et mariages, au XVIIe siècle.

C'est là, dans ces terres particulièrement bouleversées du Jura, qu'Hortense d'Eternoz cessera d'être une femme pour n'être plus qu'un soldat, qu'elle renoncera à aimer pour ne plus songer qu'à tuer. Le goût du sang lui emplira la bouche, jusqu'à l'écœurement. Autour d'elle, la haine, la guerre et leur inévitable cortège de cruautés gratuites, de tourments, prolongés jusqu'au raffinement. Un livre dont chacun ne sort que meurtri, lecteur et auteur.

On sait déjà où se situe l'action de *Marie Bon Pain* pour avoir suivi Clavel à la Vieille-Loye, en forêt de Chaux, à Dole. On sait aussi que la route et l'aventure attendent Bisontin à la recherche de sa véritable vertu.

Le thème du *Tambour du bief*, c'est l'euthanasie. Le décor, le canal Charles-Quint que Julien Dubois a longé plus d'une fois au temps de son apprentissage à Dole. Une histoire d'hommes face à la fête, à la joie, à la conscience, simultanément. Un jeu subtil de contrepoints qui ne fait qu'ajouter des questions à d'autres questions, au cœur du lecteur. Ni autobiographie, ni biographie. Une histoire. Nourrie de l'exploit des jouteurs, de feux d'artifice, de jeux sur l'eau. Toujours présentes : la souffrance, la mort.

La fête, Clavel l'a déjà utilisée dans *L'Hercule sur la place*. Foire populaire et foire d'empoigne. Une tranche de vie taillée dans sa propre expérience de l'exploit et du « chiqué ». Ce n'est pas tous les jours que l'on découvre un Clavel souriant, heureux de faire vivre dans une joie saine, proche voisine du dénuement. Comme tous ceux de la fête foraine, l'Hercule se déplace beaucoup, de Vienne à Lyon puis à Bourg-en-Bresse et dans quelques fermes de la région des Dombes.

Le héros du *Silence des armes* porte en lui le souvenir douloureux des combats d'Algérie et gagne, dans le Revermont, un lieu qui ressemble beaucoup à Château-Chalon.

Lettres à un homme de lettres

On n'est pas écrivain célèbre, on n'est pas porteur de messages à courte ou longue distance sans établir avec le lecteur des liens privilégiés de complicité. Ces relations, il faut les assumer, sous peine de forfaiture. Il faut donc accepter que le courrier du matin soit fait, en majorité, de lettres d'amis inconnus que l'on n'a jamais rencontrés et que l'on ne rencontrera jamais. Etrange chronique du cœur, parfois naïve, parfois malhabile, souvent remarquable dans sa forme, toujours sincère, née de l'émotion que procure la lecture. La plupart de ces missives sont tout en spontanéité, sortes de cris d'angoisse ou de joie que l'on n'a pu réprimer et qui se trouvent postés avant que d'être tus. D'autres n'ont été rédigées que mûres réflexions faites, après que la volonté eut longuement cheminé entre modestie, crainte du ridicule, pusillanimité ou réserve. A toutes, il faut une réponse. A toutes, d'abord, il faut beaucoup d'attention.

Le courrier de Bernard Clavel, à cet égard, est surprenant. On y découvre une constante, propre sans doute à ces auteurs qui parlent un langage clair, à partir de sensations simples, avec lesquels on se retrouve d'emblée en communication de pensée. Ce qu'ils disent, on aimerait l'avoir dit. De la même manière. Avec les mêmes mots. Preuve qu'ils ont trouvé la clé des âmes et savent s'en servir.

On a raconté quelques extraits de ces brûlantes épîtres dans les pages qui précèdent. Leur somme ferait comme une anthologie de poche de ce que l'homme porte en lui, étouffé, et qu'il ne réussit à exhaler que parce qu'un autre, romancier de talent, homme loyal, l'y a aidé. L'apprenti sorcier ne fait pas mieux.

Mais il y a plus saisissant. Il y a cette correspondance établie entre l'écrivain, libre de ses mouvements, et le détenu, avide de contacts avec le monde extérieur. Priver celui-ci de ce dialogue serait le condamner une seconde fois. Clavel le sait. Maurice Toesca a dit de lui quelque part qu'il est un « scrupuleux de l'honnêteté, qu'il ne transige pas sur les principes dont il a fait les bases de sa vie de citoyen ». Il continue donc d'entretenir une correspondance qu'il a déclenchée malgré lui. Il apprend ainsi que l'écrivain n'est pas maître de ses personnages, il ne l'est pas davantage de l'importance qu'ils prennent dans la vie privée de ses lecteurs. De nouvelles Terres de Mémoire surgissent ainsi sous ses pas qui cherchent à se frayer une place parmi les autres.

G. B., pensionnaire depuis pas mal d'années des centres de détention de France et de Navarre, ne m'en voudra pas, je l'espère, de terminer ces Terres de Mémoire de Bernard Clavel par deux passages de ses lettres les plus récentes. On y découvrira, avec une pointe de stupeur sans doute, que la lucidité se situe de part et d'autre des barreaux et que les leçons de sagesse ne circulent pas à sens unique.

Georges Renoy
25 septembre 1980

C.F. de Melun, 4 février 1980

« Je viens de traverser une période particulièrement difficile, mais cela fait partie de la détention. C'est quelquefois fort utile car on peut se rendre compte de son état et faire le point. D'ailleurs, le point, il y avait longtemps que je ne l'avais pas fait. Maintenant, je me sens mieux et la vie continue, avec ses terribles combats. J'ai toujours eu peur d'être complètement absorbé par la vie carcérale et l'enfer qu'elle représente... Cher ami, voici bientôt sept ans que nous nous écrivons et je te remercie de tout cœur de partager par le courrier. Une lettre, c'est beaucoup plus que l'on pourrait penser. »

C.D. de Caen, 14 avril 1980

« Tu sais, j'ai hâte que se termine ma peine car vraiment cela devient très dur... Jamais plus je ne voudrais revivre ce que j'ai vécu depuis que je suis en prison. Cela est trop dur et j'en tire une grande conclusion. La vie, en fin de compte, nous passons trop souvent à côté. La vraie vie, c'est autre chose. Quelquefois, c'est dans les larmes que je comprends le mieux le véritable sens de ma vie. Et cependant j'ai peur. Car le monde n'est pas un monde heureux... J'espère que nous nous verrons un jour. »

Petite géographie de Bernard Clavel

Au risque, réel, de dérouter admiratrices et admirateurs de Bernard Clavel qui se l'imaginent volontiers penché sur le papier dans la quiétude et le silence du sanctuaire-type de l'homme de lettres, voici le relevé de ses œuvres essentielles avec, en regard, le lieu où elles furent écrites.

Pirates du Rhône. A Vernaison, dans l'inconfort d'une branlante bicoque, annexe d'une ferme.
L'Ouvrier de la nuit. A Vernaison, au lieu dit la Croix du Meunier.
Gauguin. A Vernaison, au même endroit.
Qui m'emporte. Commencé à Vernaison, achevé à Messimy, sur une table de camping.
L'Espagnol. A Lyon, au nº 10 du quai Romain-Rolland, dans la hurle du marché matinal.
Malataverne. En partie à Lyon, en partie à Saint-Genis-l'Argentière, dans la solitude d'une mansarde.
La Maison des autres. A Lyon.
Celui qui voulait voir la mer. A Lyon, cours de la Liberté.
Le Voyage du père. A Chelles, dans un appartement situé dans une tour, en bordure de la Marne.
L'Hercule sur la place. A Chelles.
Les Fruits de l'hiver. A La Hersonnière, dans une vieille ferme du Loir-et-Cher.
Le Massacre des innocents. A Brunois et à Lausanne.
Le Seigneur du Fleuve. A Château-Chalon.
Tiennot. A Château-Chalon.

Le Silence des armes. A Château-Chalon.
Lettre à un képi blanc. A Château-Chalon.
La Saison des loups. Commencé à Château-Chalon, terminé à Villeneuve-sur-Yonne et Bellefontaine.
La Femme de guerre. A Bellefontaine. Repris en partie à Villeneuve-sur-Yonne. Achevé au Québec.
L'Iroquoise. Au Canada, à Saint-Télesphore puis à Montréal.
La Bourrelle. A Paris, avenue Victor-Hugo.
Marie Bon Pain. Au Portugal, à Praia da Luz. Remanié en France, à Villers-le-Lac.
Je te cherche, vieux Rhône. A Villeneuve-sur-Yonne en 1977, pour être publié une première fois sous le titre *Rhône ou les Métamorphoses d'un dieu.* Revu et corrigé à Morges en 1983 pour l'édition sous ce nouveau titre.
Compagnons du Nouveau Monde. A Villers-le-Lac, août 1980 à juin 1981.
L'Homme du Labrador. Montréal, décembre 1981-Morges, mars 1982.
Harricana. Conçu et ébauché à Saint-Télesphore en 1978. Ecrit à Morges en 1982.
L'Or de la terre. Conçu à Saint-Télesphore, 1978. Ecrit à Morges en 1983.

BIBLIOGRAPHIE

ROMANS

L'Ouvrier de la nuit, Julliard, 1956 (repris par R. Laffont en 1971)
Vorgine, publié en feuilleton inédit par Le Progrès de Lyon, repris sous le titre *Pirates du Rhône* par A. Bonne, 1957, puis par R. Laffont, 1971
Qui m'emporte, R. Laffont, 1958
L'Espagnol, R. Laffont, 1959
Malataverne, R. Laffont, 1960
Le Voyage du père, R. Laffont, 1965
L'Hercule sur la place, R. Laffont, 1966
Le Tambour du bief, R. Laffont, 1970
Le Seigneur du Fleuve, R. Laffont, 1972
Le Silence des armes, R. Laffont, 1974
Tiennot, Ed. Mon Village, Vulliens, Suisse, 1977
La Grande Patience, R. Laffont :
1. *La Maison des autres,* 1962
2. *Celui qui voulait voir la mer,* 1963
3. *Le Cœur des vivants,* 1964
4. *Les Fruits de l'hiver,* 1968 (Prix Goncourt 1968)
Les Colonnes du Ciel, R. Laffont :
1. *La Saison des loups,* 1976
2. *La Lumière du lac,* 1977
3. *La Femme de guerre,* 1978
4. *Marie Bon Pain,* 1980
5. *Compagnons du Nouveau Monde,* 1981
Le Royaume du Nord, Albin Michel :
1. *Harricana,* 1983
2. *L'Or de la Terre,* 1984

CONTES ET NOUVELLES
(librairie)

L'Espion aux yeux verts, R. Laffont, 1969, (avec *Le Père Vincendon, Légion, Le Jardin de Parsifal, Le Fouet, La Barque, L'Homme au manteau de cuir, Le Soldat Ramillot, Le Père Minangois*)
L'Ami Pierre, photographies de Jean-Philippe Joudrin, Duculot, 1978
L'Iroquoise, Balland, 1979
La Bourrelle, Balland, 1980
L'Homme du Labrador, Balland, 1982

CONTES ET NOUVELLES
(presse périodique)

Noël de Rapin, Le Progrès-Dimanche, 26 déc. 1954
La Cane, Résonances, fév. 1956
Le Grand Air, Les Lettres Françaises, 20 sept. 1956
Le Bel Ouvrier, Résonances, janv. 1957
Matin, Résonances, janv. 1957
Le Prisonnier, Le Progrès-Dimanche, 23 juin 1957
Le Pantalon neuf, Résonances, nov. 1957
L'Apprenti pâtissier, Le Progrès-Dimanche, déc. 1957
Monsieur Dubouleaud, Correspondance, nº 20, 1957
Le Soldat de la Croix-Rousse, Résonances, 15 fév. 1958
L'Arbre, Résonances, avril 1958
Le Père Vincendon, Œuvres Libres, nº 179, avril 1961
Le Jardin de Parsifal, Œuvres Libres, nº 200, janv. 1963
L'Homme au manteau de cuir, Œuvres Libres, nº 206, juil. 1963
L'Homme blanc et la Bonne Tempête, L'Humanité-Dimanche, 25 juil. 1965
Joseph le Maréchal, Les Lettres Françaises, 19 août 1965

Adieu Bessie, L'Humanité-Dimanche, 29 août 1965
Le Fouet, Revue de Poche, sept. 1965
La Baraque, A la Page, janv. 1966
Lamiaud, L'Humanité-Dimanche, fév. 1966
Un matin où l'on tuait les filles, Revue de Poche nº 12, 1966
Noël sur l'océan, La Presse de la Manche, 24 déc. 1969
La Mule de Grandvaux, l'Illustré (Lausanne), 24 déc. 1970
Le Portrait, Revue des Deux-Mondes, juin 1973
Le Grand Vieillard tout blanc, Var-matin, 24 déc. 1973
Le Boutefeu du Grand Nord, La Croix, 7 mars 1980
Boby, Histoires brèves, BFB Paris-Match, 1981.

OUVRAGES POUR ENFANTS ET ADOLESCENTS

L'Arbre qui chante, La Farandole, 1967. Dessins de Philippe Lorin (repris par le même éditeur avec des illustrations de Jean-Claude Luton en 1978)
Victoire au Mans, R. Laffont, 1968 (collection Plein Vent)
La Maison du Canard bleu, illustrations de Jean-Baptiste Fourt, Casterman, 1972
Légendes des lacs et des rivières, illustrations de Jacques Poirier, Hachette, 1974 (repris par le même éditeur dans la collection La Galaxie, avec des illustrations de Jean Grugeon, en 1979)
Légendes de la mer, illustrations de Jacques Poirier, Hachette, 1975
Légendes des montagnes et des forêts, illustrations d'Annie-Claude Martin, Hachette, 1975
Le Voyage de la boule de neige, illustrations de Jean Garonnaire, R. Laffont, 1975
L'Etoile des enfants (adaptation d'après Max Bollinger), illustrations de Fred Bauer, Unicef, Zurich, 1976
Le Chien des Laurentides, imaginé par Leonor Dobon, Casterman, 1979

Félicien le Fantôme, écrit en collab. avec Josette Pratte, illustrations de Jean Garonnaire, J.-P. Delarge, 1980
Odile et le Vent du large, images de Jacqueline Delaunay, G.P. Rouge et Or, 1981
Le Hibou qui avait avalé la lune, illustré par Jacques Aslanian, Clancier-Guénaud, 1981
Poèmes et comptines pour apprendre les mots, illustré par Lise Le Cœur, l'Ecole des loisirs, 1981
Rouge Pomme, l'Ecole, 1982.
Le Mouton noir et le Loup blanc, illustré par Anne Romby, Flammarion, 1984
Le Roi des poissons, illustré par François Crozat, Albin Michel, 1984

ESSAIS

Paul Gauguin, Ed. du Sud-Est, Lyon, 1958, repris par Téqui, 1967
Célébration du bois, Robert Morel, Le Jas du Revest-Saint-Martin, 1962, repris par le C.L.D. Normand et Cie, 1977 (gravures de Georges Pons)
Léonard de Vinci, Club d'art Bordas, 1967
Le Massacre des innocents, R. Laffont, 1970
La Conquête de l'avenir (*in* l'Humanité en Marche) Ed. du Burin, 1973
Lettre à un képi blanc, R. Laffont, 1975
Ecrit sur la neige, propos recueillis par Maurice Chavardès, Stock, 1977
Fleur de sel, les marais salants de la presqu'île guérandaise, photographies de Paul Morin, Le Chêne, 1977
Le Rhône ou les Métamorphoses d'un dieu, photographies d'Yves-André David, Hachette Littérature, 1979, repris sous le titre : *Je te cherche, vieux Rhône*, Actes-Sud, 1984

PRÉFACES

Le Talon de fer, de Jack London, Club Diderot, 1967
Jacquou le Croquant, d'Eugène Le Roy, Calmann-Lévy, 1969
L'Affaire Deveaux, Edition Spéciale, 1969
La Chiropractie, de Jean Gallet, Hachette, 1970
Les Cerdan, de Roland Passevant, Dargaud, 1970
Les Enfants de Terre des Hommes, imprimerie Jean Bron, Lausanne, 1971
Mourir pour Dacca, de Claude Massé, R. Laffont, 1972
Pierre Henry, Ed. Arts Graphiques d'Aquitaine
Ecrits de Louis Lecoin, Union Pacifiste, Paris, 1974
La Justice dans la balance, de Robert Boyer, Denoël, 1976
Aux confins de la médecine, de Gaston Baissette, Julliard, 1977
La Sentinelle de la Liberté, de Xirinacs, Ed. Ouvrières, 1977
Le Maréchal-ferrant, de Catherine Vaudour et Brigitte Hermann, Berger-Levrault, 1979
La Gerbe d'Or, d'Henri Béraud, Horvath, Roanne, 1979
Œuvres complètes de Georges Brassens, Ed. du Grésivaudan, Seyssinet-Pariset
Les Travailleurs face à l'armée, Union Pacifiste, Paris, s.d.
Lumières sur les thérapeutiques rejetées, Cancers, Monaco, 1980
L'Honneur d'être dupe, de Pierre-Antoine Perrod, 1981
Brassens, de André Tillieu, Julliard, 1983
Les Aiguillages du Rêve, de Pierre Gisling, Edit. de la Tour, Lausanne, 1984.

ÉDITIONS CLUB

De nombreux titres de Bernard Clavel ont paru et paraissent régulièrement dans les principales éditions

« club » : Rouge et Or, Club pour Vous, Club de la Femme, Grand Livre du Mois, Guilde du Livre (Lausanne), Mon Village (Vulliens, Suisse), Editions du Jour (Canada), Club chez Nous, Collection des Cent Livres (Genève), France Loisirs.

Editions Rombaldi, Collection Clavel, reliée.
Club Diderot, deux volumes reliés sur papier bible, agrémentés de documents iconographiques. Introduction et notes de Michel Ragon.

Il existe une édition « pirate » de *L'Espagnol*, publiée par le Cercle des Lecteurs, à Liège (Belgique).

COLLECTIONS DE POCHE

J'ai Lu
(Voir page 2)

Le Tonnerre de Dieu
Le Voyage du père
L'Espagnol
Malataverne
L'Hercule sur la place
Le Tambour du bief
Le Massacre des innocents
L'Espion aux yeux verts
La Maison des autres
Celui qui voulait voir la mer
Le Cœur des vivants
Les Fruits de l'hiver
Le Seigneur du Fleuve
Le Silence des armes
Pirates du Rhône
Victoire au Mans
Lettre à un képi blanc
Ecrit sur la neige
Tiennot
La Bourrelle. L'Iroquoise.
La Saison des loups
La Lumière du lac

La Femme de guerre
Marie Bon Pain
Compagnons du Nouveau Monde
Terres de Mémoire

Le Livre de Poche
L'Ouvrier de la nuit
Légendes des rivières et des lacs
Légendes de la mer
Légendes des montagnes et des forêts

ÉDITIONS DE LUXE

Pirates du Rhône, lithographies originales de Der Markarian, 250 exemplaires dont 13 sur Japon nacré et 237 sur Vélin d'Arches. Quelques exemplaires hors-commerce. Editions du Grésivaudan, André Philippe, éditeur à Seyssinet-Pariset (Isère), 1975

Bonlieu ou le Silence des nymphes, dessins de Jean-François Reymond, Henri-Robert Dufour éditeur, Lausanne, 1973

CINÉMA

Le Tonnerre de Dieu, adapté de *Qui m'emporte*, réalisation Denys de La Patellière (avec Jean Gabin)

Le Voyage du père, réalisation Denys de la Patellière (avec Fernandel)

TÉLÉVISION

La Fille du Rhône, réalisation Jean-Max Venutti (1960)

Gestes, série sur les métiers, réalisation Jean-Max Venutti (1965 à 1970)

L'Espagnol, réalisation Jean Prat, 1967

La Maison des autres (adaptation partielle), réalisation Jean Archimbaud, 1968
Il existe une autre version de *La Maison des autres,* réalisation Jean-Pierre Marchand
L'Espion aux yeux verts, réalisation J.-P. Sassy, 1968
L'Hercule sur la place, réalisation René Lucot, 1969
D'où viens-tu, toi? consacré aux enfants de Terre des Hommes, réalisation Jean Archimbaud, 1969
Le Tambour du bief, réalisation Jean Prat, 1972
Légion, réalisation Philippe Joulia, 1973
Malataverne, réalisation Jean Archimbaud, 1973
Pirates du Rhône, réalisation René Lucot, 1974
Le Silence des armes, réalisation Jean Prat, 1975
Vincendon, réalisation Franck Apprederis, 1980

THÉÂTRE

Fuente Ovejuna, adaptation de Lope de Vega, théâtre des Célestins, Lyon, 1962
Chien rouge, adaptation du *Silence des armes,* mise en scène Alain Beauguil, musique Pierre Perret et Bernard Gérard, Maison de la culture de Firminy
La Saison des loups, adaptation dialoguée du roman, en corrélation avec Jacques Petit, musique de Ginette Keller, mise en scène Jacques Courbet, chorégraphie Martine Floux, producteur Denis Coutagne. Besançon, 1978

DISQUES

Célébration du bois, interprété par les comédiens de l'Arc, musique de Félix Antonini, production Soder, Lyon (SOD 30501) (1965)
Aimée Guillard chante Bernard Clavel : dix chansons inspirées par *Le Silence des armes,* musique de Pierre Perret et Bernard Gérard, Adèle AD.39.516. (1976)

Deux disques de comptines et chansons pour enfants, musique T. Fervant, Ed. de Plein Vent

CASSETTES

Entrevue avec Bernard Clavel par J. Bofford, avril 1979, Radio Suisse Romande

Emission En Questions, Jacques Bofford avec Bernard Clavel, SSR, 1979

Radioscopie de Jacques Chancel avec Bernard Clavel (8-5-80), Radio France

OUVRAGES ET THÈSES CONSACRÉS À BERNARD CLAVEL

Marie-Claire de Coninck, Bernard Clavel, Pierre de Méyère, Bruxelles, 1968 (collection Portraits)

Michel Ragon, Bernard Clavel. Seghers, Paris, 1975 (Collection Ecrivains d'hier et d'aujourd'hui)

Prozaicka Tvorba Bernada Clavela, par Helena Vankova. Université de Karlovy, 1974

Le Thème de l'eau chez Bernard Clavel, par Marie-Louise Bourg, Université de Liège, 1976

Les Colonnes du Ciel. Thèse en allemand de Jutla Behnke

EXPOSITIONS

De 1947 à 1970 : Salon d'Automne, Lyon. Exposition particulière Galerie Troncy puis Galerie Saint-Georges, Lyon; Galerie Maurice Joyeux, Paris; Galerie 73, Paris

1978 : Musée des Beaux-Arts. Besançon : Dessins à l'encre d'imprimerie

1980 : Genève. Galerie du Théâtre : Dessins à l'encre d'imprimerie

1983 : Musée Nièpce, Chalon-s-Saône. Photographies

DISTINCTIONS LITTÉRAIRES

1956 : Prix des lecteurs de la revue Résonances pour *La Cane*
1959 : Prix Eugène Le Roy pour *L'Espagnol*
1962 : Prix Populiste pour *La Maison des autres*
1968 : Prix Jean-Macé pour *Victoire au Mans*
1968 : Prix Goncourt pour *Les Fruits de l'hiver*
1968 : Grand Prix Littéraire de la Ville de Paris pour l'ensemble de son œuvre
1971 : Elu membre de l'Académie Goncourt, le 2 mars, au siège de Jean Giono. Démissionne en 1977

TRADUCTIONS

Bernard Clavel a été traduit dans les pays suivants : Pologne, Allemagne Fédérale, Espagne, Angleterre, Autriche, Etats-Unis, Finlande, Portugal, Tchécoslovaquie, Hongrie, URSS, Bulgarie, Roumanie, Hollande, Italie, Slovaquie, Turquie, Grèce, Norvège.

Il faut y ajouter d'autres traductions pirates, inconnues de l'auteur lui-même.

DIVERS

Bernard Clavel est également l'auteur de très nombreux articles et de chroniques dites « d'humeur » dont la parution dans la presse quotidienne et périodique s'étale au long de trente années. La plupart de ces textes sont consacrés à des peintres, à des villes, à des confrères en littérature, à des événements.

Il a signé, en outre, une vingtaine de pièces pour la radio dont il fut un collaborateur actif, pendant de longues années. Ses émissions les plus remarquées eurent pour thème le nazisme, les maladies mentales, les légendes populaires et les autres écrivains de sa génération.

La Bibliothèque Universitaire de Lausanne vient de créer un fonds Bernard Clavel, où sont rassemblés bon nombre de manuscrits et documents répertoriés et mis à la disposition des chercheurs.

TABLE DES MATIÈRES

Achevé d'imprimer sur les presses de l'imprimerie Brodard et Taupin
58, rue Jean Bleuzen, Vanves. Usine de La Flèche,
le 12 novembre 1984
6926-5 Dépôt légal novembre 1984. ISBN : 2 - 277 - 21729 - 8
Imprimé en France

1729
★★

Editions J'ai Lu
27, rue Cassette, 75006 Paris
diffusion France et étranger : Flammarion